U0633393

打造超级人脉

BUILD YOUR DREAM NETWORK

在高度互联的世界里建立强大的人际关系

Forging powerful relationships in a hyper-connected world

［美］凯莉·霍伊（J. Kelly Hoey） 著

朱倩倩　译

ZHEJIANG UNIVERSITY PRESS

浙江大学出版社

本书献给我全世界最好的侄子以及
卢西亚娜、菲比和蒙蒂

BUILD
YOUR DREAM
NETWORK

推荐序

《出版商周刊》

"这是一本'新经济'下易于使用的社交艺术指南。凯莉非常成功地向读者传递了一种态度,即无论是需要找工作、找出版商,还是为新项目筹集资金,利用正确的人脉是关键所在。"

《图书馆报》

"这本书是绝佳的现代社交礼仪指南,适用于处于任何事业阶段的读者。"

克雷格·纽马克(Craig Newmark)
Craigslist 与 Craigconnects 创始人

"人类是群居动物,这一根本属性决定了人们只有团结一致才能取得真正的成功。《打造超级人脉》一书旨在指导我们如何打造自己的社交网络,通过互帮互助共同实现梦想。如果你一直苦于找不到行之有效的拓宽自己社交圈的方法,这本书将会为你指明方向,要是30年前我就能读到这本书该多好。"

奥菲拉·艾德特(Ophira Edut)
Astrostyle 知名博主占星双子

"没有人脉的人该如何成为影响力中心?凯莉在书中与我们分享了一套新规则,帮助大家从边缘人转变为影响力中心,给予创新者和先驱者充分的机会改变这个世界。书中的许多建议对当下新经济的发展都具有非常大的借鉴意义。"

艾莉森 · 莱文（Alison Levine）
畅销书 *On the Edge* 作者

"对于那些整天发邮件问我该如何拓宽交际圈，发展、壮大自己事业的人，我真该给他们人手一本凯莉的书，然后要求他们一字不落地读完！《打造超级人脉》这本书能够帮助你避开社交雷区，真正接触到对你有所帮助的人，实现完美社交。"

玛希 · 艾波赫（Marci Alboher）
Encore.org 副总裁、*The Encore Career Handbook:How to Make a Living and a Difference in the Second Half of Life* 作者

"任何成功的背后都一定有一支德才兼备的团队，而这本书正是教你如何打造这样的团队，为日后做好充足的准备。"

塔拉 · 亨特（Tara Hunt）
数字营销主管

"'社交达人'这个称号对于凯莉·霍伊来说远远不够，她是一个超级连接器，总是能集合大家的力量把事情做成。我希望每个人都能获得这样的荣誉称号。"

伊丽莎白 · 塔勒曼（Elizabeth Talerman）
Nucleus 首席执行官、执行合伙人

"数字世界充斥着各式各样的社交媒体，但凯莉作为一位社交大师，她将

传统与现代社交媒体相结合，帮助人们集中精力并最终取得理想的成果。她不仅知道如何打造完美的社交网络，更重要的是，她知道何时以及如何激活这些社交网络，并利用其创造价值。"

尼罗弗·莫切特（Nilofer Merchant）
杰出企业家、TED 演讲者、11 *Rules for Creating Value in the Social Era* 作者

"每个人都认为社交指的是对他人采取的行动，但是你们知道凯莉是如何定义社交的吗？读完这本书，你会发现社交其实关乎如何让自己的想法影响世界。"

苏·布莱克博士（Dr. Sue Black）
Saving Bletchley Park 作者

"这本书堪称 21 世纪人际互动的'圣经'，全书语言简明有趣，引人入胜。《打造超级人脉》提出了诸多富有洞察力、鼓舞人心的建议，一步步带你深入了解社交中该做与不该做的事情。通过借鉴众多专家丰富的社交经验，你能够更快地打造成功、有效且持久的人际关系。强烈推荐！"

波特·盖尔（Porter Gale）
主讲人、咨询师、*Your Network is Your Net Worth* 作者

"我是凯莉的超级粉丝，也非常喜欢她的新书。《打造超级人脉》是一本非常棒的社交指南，教你学会利用人脉的力量，收获人脉带来的成功。这绝对是一本必读书籍。"

BUILD
YOUR DREAM
NETWORK

前言

打造完美社交圈

我经常受邀为书籍撰写前言，说实话，这是因为多年前我与朋友合著了一本名为《追求卓越》的书，很幸运，这本书卖得还不错。但是这次，是我主动提出要为凯莉·霍伊的新书写前言的，而非她来找我。为什么呢？因为读完《打造超级人脉》一书之后，我发现凯莉在书中所描述的人脉的力量与我1977年的经历恰好吻合，当时的我正在为《追求卓越》这本书收集信息。

我们先来看书名，我认为，这本书中实际包含的内容远比标题想要表达的多得多。其实凯莉写的是"革命"——为了完成目标，每个人都需要经历一场"革命"。

我的故事是这样的：由于种种原因，20世纪70年代末，我当时所在的公司麦肯锡（McKinsey&Co.）[①] 发起了多个项目，旨在增加其智力资本储备。我虽然相对缺乏经验，却非常愿意为公司付出。因此，我进行了一次全球公路旅行。在旅行中，越来越多的证据表明：如果你要寻求卓越，你就要做到关心你的员工，与客户建立联系，还要建立起支持员工个人化发展的公司文化。

但这期间我遇到了一个问题，一个很大的问题——我所挖掘出来的这些东西被公司的战略和分析部门视为无关紧要的"软件"，并且声称与麦肯锡的核心信念相对立。

但是后来，我还是凭借《追求卓越》一书成功脱颖而出，它在商界大受欢迎，并且还在文化领域引起了广泛热议，受到了热烈追捧。随着时间的推移，麦肯锡也明显转移了重心，开始强调"软件"所带来的商务效率。然而，在这里我想说的是，我用一种非常和平的方式，促使公司对其一直引以为傲的价值观做出了调整。

尽量风险很大，但我还是坚持了我现在称之为"凯莉式"的策略，最终取得了惊人的成果。

我是怎么做到的？首先，我并没有写长篇大论为我的方案争取支持，试图去抗争。相反，我一路向前，并且精心招募盟友，其中有当时就非常有影响力的（其中一人成了我的合著者），也有当时默默无闻的（其中一人多年后成了麦肯锡的总经理）。同时，我还在麦肯锡的客户中培养了盟友，建立了人脉。

在整个过程中，虽然当时还没有这个词，但按照凯莉的说法，实际上

---

① 全球著名的管理咨询公司。

我就是在打造我的"超级人脉"。而且我非常谨慎，一次只选择一个伙伴，更不用说我对面对面交流的执着了。我相信，面对面交流具有无与伦比的力量，尽管现在我也使用新的技术工具。例如，我有一位新伙伴是德国慕尼黑人，他的主要客户是西门子公司。我飞了近8万千米，从旧金山到慕尼黑，当面说服他参与我们的研究。

有关凯莉这本书的重要性和价值，我还有很多东西可以说，但我更希望你们通过阅读自己去挖掘。最重要的是：不要"反抗"那些远超过自己薪资等级的权力，而是要采取相反的做法——设定一个5年目标，寻找新的朋友和导师，与他们相处，与他们的客户、朋友甚至是朋友的朋友交往，最终用美好的交往充实这段冒险，而不是用压力或眼泪。

这就是我所说的"凯莉式"的解决方案。我将这称之为"发现、开发和维护盟友"，而不只是"社交"。正如凯莉在书中所指出的那样，今天，"社交"听起来通常像是一件苦差事、一件烦人但又必须做的事情。社交似乎更重视所遇到的人的数量，而非关系的质量；社交建立的似乎只是表面而肤浅的联系，而非真正亲密的联系。

不。

完全不是这样。

这并不是发现和培养团队的方式。

如果你愿意投入时间与精力，超级人脉将帮助你实现最大的目标。这对你而言完全是福音。因为拥有超级人脉，你可以与志同道合的人一起处理你们所在意的事情。还有什么比这个更好的呢？还有什么比这个更重要、更有趣的呢？

我想再次重申一下，凯莉的这本书无关社交，她的这本书是一本革命指南，指导你寻找那些对你而言重要的人，大家一起完成重要的事情。

现在，有了凯莉的书，我们就有了梦想成真的机会。我真希望她能在35 年前我最需要的时候写下这本书。

——汤姆·彼得斯（Tom Peters）

畅销书作者、演讲家及国际知名的管理专家

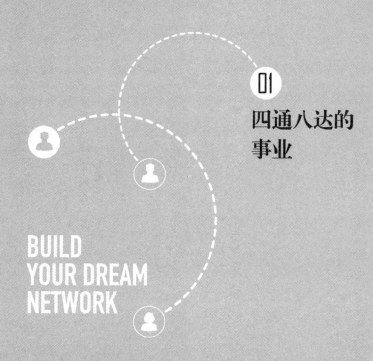

01

四通八达的
事业

BUILD
YOUR DREAM
NETWORK

"这儿有你认识的人吗？"

我笑了笑，在我朋友珍妮特（Janet）耳边轻声告诉她："嗯，在你身后的是伊万卡·特朗普（Ivanka Trump），而刚刚进门那个是汤丽·柏琦（Tory Burch）。"

在公园大道复式公寓这富丽堂皇的大厅里，来往的 75 位贵宾都是受邀来参加马拉拉·优素福扎伊（Malala Yousafzai）的私人聚会的，包括特朗普家族（Trumps）、肯尼迪家族（Kennedys）以及提斯家族（Tisches）的成员。当我第一天迈入米勒汤姆森公司律师事务所海湾街办事处开始我的职业生涯时，我完全没有想到自己今天会有机会接触到这些人。

在我 23 岁的时候，我根本不知道自己以后想做什么。从事法律相关的行业并不是什么深思熟虑之后定下的职业规划，更像是一件理所应当的事情。现在回想起来，对于我的第一份职业，我更像是为了完成某种任务，就像传送带必须向前运行一样，并不是主动的选择。 不过话说回来，拿着政治学和经济学文凭，我还能做什么呢？ 1988 年，如果你刚获得政治学和经济学学位，通常情况下，你会顶着爆炸头，穿着老式牛仔裤，进入法学院学习。

满腔热情地做项目、自主创业、远程工作或者同时开展多项事业，这些想法在当时都是非常不可思议的。因为这就意味着要么你无法胜任某项工作，要么你根本就是失业者，或者你这个人缺乏定性。

受亲戚朋友的看法以及时代的影响，当初我能想到最好的职业生涯就是在一家企业里一步一步地晋升。换句话说，我完全被"努力工作—拿奖金—晋升"的模式洗脑了。

这完美地描述了那几年我单调的职业生活。直到 2002 年，我终于决定做点什么改变我的人生方向。

具体怎么做呢？回过头看看，我的职业生涯里始终贯穿着一个元素——人际网络。也就是说，我一直积极地致力于建立强大的人际联系。

如果你正在阅读这本书，并且以为我仅仅是在教你如何递出名片，那么你大可放心，随意闲聊并不是我在这里要谈论的。我也很讨厌面对一屋子的陌生人，我也不想吃个饭都不安生。

面对一屋子的陌生人，想方设法融入他们是不现实的，甚至还会适得其反。我不是销售人员，也不是特别外向型的人，所以我会尽可能地去避免我所说的"随机社交"。我一直想找个更好的词来代替"社交"，但在本书中，这不是我的目标。我的目标是改变大家对社交活动的看法，更重要的是，教大家如何真正社交。

社交是解决问题的一种方法。

2002 年，我突然"开窍"了。当时我已经完全厌倦了按时计费的工作，急需一个新的事业来施展我的法律知识和多年的业务经验。我迈出的第一步，就是花了 18 个月的时间积极发展以法律管理为中心的社交圈，以便从律师转型为律师事务所管理人。

我不但重获了自由，职业生涯还有了全新的开始，社交也多了起来。2009 年，我成为全球女性商圈 85 Broads 的成员之一，并在 9 个月后成为其第一任主席。2012 年，我注册了一个天使投资新手训练营，并且凭借以往的经验，开始投资新兴科技，这再一次改变了我的职业生涯。我的投资因为社交圈而变得多样化，通讯录的联系人以及晚餐邀约量增加了 3 倍，这让我对自己的职业选择和投资信心飞涨。后来，我加入了创业孵化组织"女性革新移动技术"（Women Innovate Mobile），成为其联合创始人之一。他们一直在寻找第三方合作伙伴，而他们身边的很多圈子都推荐了我，我们最终达成了合作。你看，当你认识了一些人，而这些人知道你在做什么，成功就会自己找上门来。

任何社交的核心都在于设定具体的目标。在这个前提下，我成功地打造出了自己的社交圈。现在，我"所有"的机会都来自这个社交圈，来自我的社交方式。

我也为其他人创造机会，比如帮他们牵线搭桥，或是给他们一些建议。

有目的地建立联系以及有策略地构建并激活个人社交圈成功地推动了我职业生涯每一个阶段的发展，而且我也相当肯定在未来我的社交圈还会给我带来很多机会。幸运的是，我掌握这些技能的时机恰好跟上了我的工作方式、消费方式以及互动方式转变的步伐。

渠道即是新经济

对于当下这具有破坏力和变革性的经济秩序，无论你称其为"渠道经济""P2P 经济""民主经济""共享经济"或是"合作经济"（当然还有很多其他名字），其结果都是一样的——它从根本上改变了我们的交流方式，包括搭顺风车去上班、收寄快递、学习一项新技能、用爱好来赚钱、与办公室同事社交、找工作、寻求专业帮助以及安排假期等。对于越来越多的人来说，每天两点一线的时代已经过去了。美国就业人口中有 34% 都是自由职业者，预计到 2020 年这一数字将上升至 40%！接近 3% 的美国人有一部分时间是在远程工作。Airbnb 式的平台比老式经济型连锁酒店有更高的订房率。新经济不再死守所有权，而是按需分配资源，这预计将在未来 10 年创造 3350 亿美元的收益。这一日益增长的经济态势，将决定我们日后何时以及如何谋生。

真的是这样吗？

在点对点的网络经济中，人们不再热衷购买产品套餐，而是转向寻求灵活性和个性化的产品，因此人力资本和人脉关系的重要性日益凸显。这种人力资本和人脉关系通常以信任关系的形式出现，其实古往今来，"熟人好办事"这一点从未改变过！

你的人力资本指的是可以并且愿意使用其资源（包括金钱、声誉和经验）帮助你做下列事情的人：

◎ 为你宣传，帮你积累口碑。

◎ 给你建议，并为你打开新的职业大门。

◎ 尊重你的工作方式。

- ◎ 为你提供一份工作。
- ◎ 为你引荐。
- ◎ 替你做担保。
- ◎ 为你加油打气。
- ◎ 给你写支票。
- ◎ 支持你的社交活动。
- ◎ 为你打抱不平。
- ◎ 为你铺垫基础。
- ◎ 为你提供资金。
- ◎ 为你创造机会。
- ◎ 为你设定未来的方向。
- ◎ 重振你的士气。

这其实并不是什么新论调，信任一直都是商业成功的基础。有了信任，才能打通渠道、获得资金、拓展机遇。当我们有需要时，我们会找自己最亲密、最信赖的朋友，向他们寻求建议。

回顾我职业生涯中的各个关键转折点，我发现每一次经济低迷时期，我总能利用各种关系为自己找到新的机会。若想充分利用当下的新经济，首先必须升级你对社交圈的看法。优步出行所带来的经济转型，并没有改变事业成功所要遵循的原则。

在打造社交圈的过程中，要遵循的原则是慷慨和信任。这古老的智慧永不过时，与以往不同的是，当下我们能够借助更多的工具来展现慷慨、建立信任。现在，一则脸书（Facebook）更新就像以前的生日卡片一样，是保持联系的一种方式。这可能看起来很奇怪，但在人际交往的新时代，转发、标记以及点赞就是慷慨的体现。转发他人的博客，帮助其获得更多的曝光率，是建立友好关系以及引起对方关注的好方法。

对于许多人来说，社交工具的选择每天都在增加，因此关键在于不要被这些新技术过分分散注意力，从而忽视了社交的真正目的。

听起来似乎很复杂、很麻烦？不必担心！在这本书中，我将根据你的目标，为你打造一个独一无二的社交流程，而不仅仅只是一堆针对社交工具的忠告。我们也会学习如何针对不同的目标，采用不同的社交工具，实现真正有效的交流。

新的人际网络一定是你亲密关系圈的外延，因此你需要这个圈子里的人帮忙牵线，取得新的联系，然后细心培养关系。这是对一个目标的刻意追求，需要很多社交行为才能实现。

新型社交意味着在线上结识新的人，然后促成线下会面。以詹妮弗（Jennifer）为例，她是某技术平台的创始人，该平台致力于建立新兴品牌与社会知名人士的联系。她已将公司迁至纽约，以便与主流时装品牌负责人以及其他潜在客户见面。她的挑战在于，需要在社交网络上快速获得知名人士的信任，进而同意与她见面。名人通常都会进行网络互动，因此如果詹妮弗想要获得一丝与对方见面的机会，就必须在这些名人的"地盘"上与对方建立起融洽的关系。她的社交方式，必须像其公司的服务一样，让人觉得真实、可信。如果她不使用与她想吸引的名人相同的社交策略，那她就会失去名人和品牌方对她的信任！

在邀请对方喝咖啡之前，詹妮弗采取了以下社交策略：

◎ 在社交媒体上不仅关注了目标人群，还对其发布的内容进行了推送、转发、点赞以及标记。

◎ 订阅他们的简报、博客、YouTube 频道以及播客，并与他们分享阅读或观看的感想。

◎ 加入他们的线下聚会。

◎ 参与他们组织的实时视频交流会，并帮助他们宣传推广，同时与他们在视频中实时互动。

在这个充满关注、点赞、收藏和转发的世界里，如果能够抵挡网络世界的喧嚣，真正利用好人际网络的价值，那么不仅能够在"渠道"经济中生存下来，而且能够实现线上与线下的无缝切换，并成就自己的蓬勃发展。

新型社交策略不仅仅针对个人，企业也需要拥抱社交平台，将封闭的办公环境转变为协作的工作场地，并预估未来几年的业务需求，培养相应的人际网络。克利夫兰诊所（Cleveland Clinic）就是一个典型的例子，它与美国国家航空航天局以及考克斯通信公司（Cox Communications）建立了合作关系。考克斯通信公司为美国接近1/3的家庭提供娱乐、高速互联网、家庭安全以及电话通信服务。随着医疗咨询与记录逐渐转向移动平台，克利夫兰诊所深知其需要适应数字时代患者的习惯。

下面列举了一些公司运用社交网络的例子，包括接触新商业机会的方式和如何雇用高层管理者。

◎ 2016年年初，通用汽车与打车应用Lyft达成战略合作，允许想要为Lyft工作的人租用通用汽车。不论从需求还是出行来看，通用汽车预测在未来5年内汽车行业的转型将比过去50年更为迅速。为了把握这个绝佳的时机，通用汽车公司已投资5亿美元与Lyft开展深度合作与创新。

◎ Agile Workplace Gartner Inc.（麻省理工学院和22家行业赞助商合作的一个研究项目）认为，最成功的团队也是最敏捷的团队。敏捷型的组织能够快速组建工作团队，以适应新机遇或新环境的变化。

◎ 早在 1997 年，IBM 就推荐其员工使用企业内部网络。充分利用社交工具以及以人为核心的社交媒体，一直是 IBM 转型的关键因素。Big Blue 拥有 40 多万个强大的内部社交网络，员工能够利用其庞大的专业网络来解决客户的问题。

◎ 全球办公家具的龙头企业 Steelcase 始终关注着"长桌潮流"，即长型的工作台。事实上，当员工打破了传统工位的办公环境后，工作台的需求也日益增加。工作台解决了移动、社交和短时工作等对办公环境的挑战。想想你们那儿的星巴克或者共享空间，一般都布置了一些很长的公用桌。现实是，新经济的发展势必带来业务需求的快速变化，因此如今的办公环境也必须能够适应这些变化，办公室环境也要鼓励社交。正如 Steelcase 所提到的，"越来越多的上班族希望自己在办公室能够'关注到他人并且也被他人关注'，从而能够迅速融入同事之中"。正是这种需求引发了"长桌潮流"，谁能想到面对面办公会变得如此重要呢？

◎ 随着经济的高速发展，用于开展非正式合作的办公区域（如非正式会议区）变得越来越重要。例如，商业管理咨询公司 Humantech，其工作场所的设计重在合作办公，80% 的工作空间是开放的，非正式合作洽谈区分布在整个办公区域的各个角落。这旨在鼓励员工多走动，创造出更多茶水间闲谈的机会。

◎ 一些研究人员建议公司雇用"首席合作官"，因为如今想要解决公司所面临的很多重大挑战，就必须要员工分享他们的信息资源、社交资源，甚至个人资源。

技能并非万金油

以下事实会让一些人沮丧，同时也会让另一些人非常兴奋：

◎ 每个人都是专家。

- ◎ 大学文凭不那么值钱了。
- ◎ 人人都可以创业，随时随地。
- ◎ 精英体制过时了。

1988 年，分数、排名、成绩决定了你迈入社会的第一步。这些数字所代表的是你的知识储备以及你的毕业院校，这在当时真的很重要。

但现在，仅凭一纸文凭已经不能让你在职场如鱼得水了。现在的问题并不是你知道什么，而是"谁"知道你有这些知识。

"谁"知道你比别人更优秀？"谁"听过你独特的观点？"谁"知道你在开发的产品或项目？这个"谁"才是最重要的。

你的技能和专业知识需要观众。在当下这个物质丰富、好点子一抓一大把的时代，没有人脉的带动，你的想法基本无法实现。

任何一个伟大的创意和机会的背后都是人际网络。想办法激活你的人际关系，因为他们会为你的成功而投资。只有被强大的社交网络加持，新想法才有可能成为现实。

刚开始创业、重新创业、多次创业：都应该从社交圈开始

我越来越清楚地认识到，工作障碍（无论是职业转型、众筹项目还是新企业融资）其实都是人脉的挑战。因此，拥有一个独特的人际网络，许多问题都会迎刃而解。

读这本书的时候，或许你正考虑换工作或是创业，你的第一反应可能是在领英上寻找一些"你可能感兴趣的职业"，或是发邮件告诉每一个你

认识的人。这两种策略都不是最佳选择，除非你喜欢过滤一大堆自己并不感兴趣的工作。

更好的方式是：

A. 搞清楚你想要什么。

B. 知道谁可以帮助你实现目标。

C. 清楚如何寻求帮助。

这是一个战略规划的过程。实际上，任何成功都离不开辛勤付出与循序渐进。而搭建对的人际网络则是每一个成功决策或商业计划的关键，因而你必须时刻准备好全身心地投入这份工作。

这就是为什么它被称之为人际网络 ①，这张网需要我们用心去编织。

如何使用这本书

◎ 随手做批注。

◎ 重要内容折页角。

◎ 用荧光笔突出显示某些内容。

◎ 反复阅读。

◎ 添加自己的想法。

本书旨在为读者提供社交参考建议及指导，以帮助读者更好地适应新的经济秩序。其中一些内容或许对你而言非常熟悉，或许能够帮助你回忆起别人曾经建议你采用但被你忽视了的一些社交方式。充分利用这本书，制定个人社交待办事项清单，并设定明确的社交目标。

---

① 人脉的英文单词为"network"，其中包含了单词 net（网）和 work（工作），此处作者意为人脉需要辛勤付出、用心经营。

由于我们生活在自拍泛滥、高度活跃和高度互联的世界里，这本书并不仅仅简单地告诉你们我的故事，也包含了许多其他人的故事。他们通过设立明确的目标，利用他们的社交圈，最终获得了成功。因此本书并没有信口开河，人际网络有着极大的实践指导意义。

无论你购买这本书的初衷是什么，我希望你都不要只是简单地阅读，尝试将你学到的东西付诸行动。日复一日，慢慢你会惊讶地发现，新的机会、友谊、邀约、录用信和感谢函都会自己找上门来！

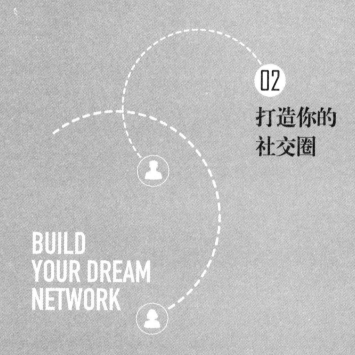

02

打造你的
社交圈

BUILD
YOUR DREAM
NETWORK

我们得重新定义"社交"。

有关"社交"一词，始终没有明确的定义，其内涵似乎也因人而异。就拿我的朋友乔纳森·贝林森（Jonathan Benison）来说，我曾经问过他的看法，他说，一听到"社交"这个词，他脑海里蹦出的就是一个互换名片的场景，与此同时双方互相打量，思考如何从对方身上获取利益。

唉……乔纳森的回答听起来比较可悲，但却不失为一个典型的反应，其实这也是通常情况下我们所认知的"社交"。

乔纳森是天才之家（House of Genius）的首席战略官，因此对于人际交往这方面他是有一定发言权的。像乔纳森一样，对于这一系列为了加强人际交往而开展的活动，我真希望能用其他词来概括，但这恰恰是难点。

《韦氏大词典》中对"社交"的定义是：个人、团体或机构之间的信息或服务交换，尤指为就业机会或商业发展培养有利的人际关系。这并不是我们所认为的，在经济高速发展、联系日益紧密的情况下，人与人之间单纯的交际往来。这个定义听起来就像是乔纳森所憎恶的活动。

随后，在查询"网"① （net）的定义时我找到了新的灵感：用线或绳索以固定间隔编织或打结连在一起制成的有孔织物。对我而言，社交是一个持续地建立和加强人际关系的过程。社交不仅仅局限于一封电子邮件的自我介绍或是在公司总部大厅举办的一场酒会等单一活动，当然，更不是递出一张名片这么简单的事情。社交指的是通过不断联系，建立更强大的关联或扩大现有的人际圈，将线上与线下的交互整合到一个社交圈当中。我认为，常规的社交行为包括在合作工作区选择坐在谁的旁边，或关注谁的推特更新，包括一句简单的生日问候。

无论我们如何称呼这些活动，我始终对之充满激情，因为社交帮助我实现了事业的飞跃。借助社交的力量，相信你也可以。

我一系列职业的成就都要感谢我的社交圈。1998 年，我只身来到纽约，我的人脉基本都留在了多伦多，当时我的通讯录里只有 6 个在纽约的朋友。这一切在 2009 年发生了转变，那一年，我跳出了舒适区，尝试用自己的专长谋生。2010 年，我又转换了一次跑道，我把 85 Broads 的服务对象从某几家创新型公司大幅度扩大。2011 年，我跳入了天使投资领域，并于当年晚些时候，创办了创业孵化器。

多元化的社交圈为我提供了各种各样的可能性，并不断鼓励我超越自己的极限，最终成就自我。

---

① "社交"的英文为 network，该单词为复合词，其中包含了 net 与 work 两个单词，作者将这个单词拆分开来看待，从而由 net（网）这个含义中找到了灵感。

人脉成就事业

我从未将自己包装成一个"人脉网络专家"或者"社交大师",但在知道了我的职业生涯或者了解了我如何指导他人逐步实现自己的目标后,人们给了我这两个头衔。通过借鉴以往经验以及事后总结分析,我慢慢地了解了自身社交方式的价值。事实上,我每一次职业转变都是人际关系带来的,而不是随便哪个陌生人或招聘广告起的作用。

"目标＋行动＋人脉",这是我的事业配方。我的人脉在我的职业生涯中起着至关重要的作用。人脉不仅改变了我的职业道路,而且改变了我对自己的认知,更重要的是,让我意识到我要把这一切分享给其他人。

专业的技能与明确的目标只是起点,人脉至关重要,因为它会改变你的结果。

人脉 + 行动 = 实现目标

2001 年,我厌倦了律师事务所合伙人的身份,开始考虑另一条职业之路。我评估了自身所处的工作环境以及与同事的互动质量,回想了自己每周 70 多个小时的工作时间,我很快意识到自己依然想留在法律界,但我想做点别的,比如帮助其他律师获得成功(指导初级律师让我产生了不少成就感)。

在 2002 年之前,我的工作圈是由律师和银行家构成的。掌握华尔街的动向?完全不在话下,我的圈子让我可以第一时间接触到这些资讯。然而,当我希望自己能够不要整天面对买卖协议,可以有更高的追求时,我发现了自己圈子的巨大局限性。因此,2002 年的春天,我开始了新的计划:

◎ 打造全新的社交圈，多接触法律界管理层的人，尤其是负责律师培训与职业发展的人。

◎ 用心经营新的社交圈，并结识其他城市的同行，与之保持联系，以便他们了解我，从而有相关机会时第一个能想到我。

这项计划一直持续到 2004 年，那一年我在美国伟凯律师事务所（White & Case LLP）得到了一个梦寐以求的职位。说实话，整个求职过程中有好几次我险些错过了这个机会，也差点被其他招聘信息带偏，求职心切的时候脑海中也冒出过"不要错过任何一个机会"的想法。但庆幸的是，一位熟悉的朋友认可我的能力，并推荐我参加这所全球律师事务所的面试，而我也是那场面试唯一的候选人。我能够得到这份工作，完全得益于我对社交圈的长期维护。

当决定拓展一个新的社交圈时，我并不仅仅是为了找到一份新工作，更是为了实现我的新目标。试想，如果因为换了一份工作就不再与从前的同行联系，那该多浪费资源！多认识一些行业里经验丰富的前辈，有利于我的学习和成长，更不用说还有人能指点我的想法了。

激情、天赋和勤奋并不是成功的唯一要素。无论是更换职业还是改变世界，没有人脉，想法可能永远不会成为现实。要取得突破，你所需要的人脉通常是最初给予你动力的那些人。虽然现在的联系可能变少了，但我在多伦多的前同事仍然是我人脉的重要组成部分。

人脉决定了哪些想法能够成为可能，决定了哪些人能够获得引荐，这一切都取决于圈子里其他人对你的认知度。因此，不断经营、拓展社交圈不再是我的备选方案，而是首要任务。

不论你的下个目标是晋升、获得梦寐以求的实习机会、创办自己的公司、获得董事会席位、众筹一个项目，还是出现在 CNBC^① 的 Power Pitch^② 上，你都需要一个明确的计划！仔细审视一下你的社交圈，哪些联系已经若有若无，哪些联系已经被你忽视。

倘若想要一个更好的社交圈，又该从何做起呢？

社交的本质

我本人并不喜欢面对满屋子的陌生人，不仅如此，对于那些口口声声说自己喜欢这种场合的人，我也表示怀疑。如果你真的，我指的是发自内心地喜欢这种一个人也不认识的场合，那么你很可能是一个自己就能发光发热的销售达人，我更愿意在 Saks^③ 的香水专柜前遇到你，而不是在社交场所。

还有一点需要声明的是，我很讨厌那些所谓的社交速成攻略，例如"社交达人周一早上必须做的 5 件事"。如果社交真的这么简单，只要做 5 件事就能成功，谁不会去做？对于社交，感到困惑或焦虑都是人之常情，毕竟我们只是普通人。

我所理解的社交应该是：

- ◎ 一项重要且长期的活动。
- ◎ 你只能控制自己的付出，却无法掌握结果。

---

① CNBC 是美国 NBC 环球集团持有的全球性财经有线电视卫星新闻台，是全球财经媒体中的佼佼者。
② CNBC 的一档节目。
③ 美国高档百货公司。

◎ 社交无处不在。

成功的社交首先需要你意识到与他人日常联系的重要性。

以下列举了部分社交活动：

1. 你的邮件签名栏。

2. 不在办公室时，自动回复的措辞。

3. 你的语音信箱。

4. 网站上你的简介。

5. 领英上你的简历或者个性签名。

6. 社交媒体的头像。

7. 作为演讲者、获奖者或董事会成员的介绍。

8. 接听等待时播放的音乐。

9. 推特上的聊天记录。

以上这些社交活动中的表现与 VIP 邀请、有力的握手或流畅的电梯游说[①]同样重要。

社交也是一种工作

社交是我职业的推进器，更是我一直以来的工作重心。早在 2002 年，我就知道建立一个新的社交圈需要花费多少时间——18 个月。从有意经营、激活关系到最后完全融入这个新的社交圈，需要整整 18 个月的努力付出！当然，这期间会遇到很多问题，但也很有意思，社交也是工作的一部分！

我发展人脉不仅仅是为了找一份新的工作和更高的薪水，而是要获

---

① 电梯游说（elevator pitch）指用极具吸引力的方式简明扼要地阐述自己的观点，也被称为电梯法则。

得一个特定的职位——全球大型律师事务所的律师培训师。为了实现职业转型，我努力学习该领域的各项专业知识，认真研究同行每天都在探讨的问题，还在纽约大学的专业进修学院攻读了培训和人力资源相关的课程。除此之外，我还积极参加行业研讨会，并努力跻身律师协会。我始终紧紧盯住自己的目标，并以此为中心开展社交活动。

另外，在这 18 个月里我还发现了一个重要的事情：打造社交圈需要强烈的好奇心。

这是什么意思呢？这句话的意思是，不要一遇到问题就急于到谷歌搜索答案。我们生活在一个高度联结、瞬息万变的世界里，只要在浏览器中输入关键词，按下回车键就能马上获得答案。结果的即时性抹杀了好奇心以及询问与思考的机会，但我们要的不只是这些！

人际关系是搜索不到的

社交之所以困难，是因为它涉及人。

我的社交三要素是：人、人、人。无关平台，社交始终关乎人——他们是谁，他们从哪里来，如何与他们相处，他们又是如何聚集到一起的。除非真正搞清这些问题，否则你的社交努力不会有结果。

如果你始终专注于电子表格、公式或一些社交应用程序，你会逐渐忘记设备的另一端是个活生生的人。如果你仅仅把精力集中在整理表格的数据上，而没有注意到那些表格之外的细节，你就无法在业务沟通中发现问题。应用程序或是滑动或许能够为你提供更好的用户体验，但并不能建立起真正的人际关系。当你忽略了技术背后的人时，社交也就变成了一次交易行为，以人为本也就无从谈起。

我曾管理和研究过众多社交团体，包括社会福利团体、付费会员社区等，我可以很肯定地告诉你们，即使处于同一行业，每个圈子也都有其独特的文化和价值主张。

为什么呢？每个圈子都是建立在成员的个性与期望之上的，因此每个圈子都是与众不同的。不管其章程和主旨有多么相似，例如领英和推特的社区，受众人群也明显不同。

专家建议：学会付出

风险投资公司 LDV 现主要投资计算机视觉技术，其创始人埃文·尼尔森（Evan Nisselson）的社交理念是以人为本，这是他根据自己在硅谷多年的经验总结出的一套哲学。当年 20 多岁的他，在这个全球创新的中心，学会并贯彻了"付出"的理念。在来到硅谷之前，埃文深谙纽约那套"有需要才求助"的社交风格，所以当他什么都没提就有前辈向他伸出援助之手时，他非常震惊。他是这样总结硅谷社交精神的，"每个人都可以从他人的帮助中受益"。

这就是埃文传达给 750 名团队成员的理念，每个月他都会固定组织一场晚宴，旨在通过引见实现双赢，帮助会员达成互利的目标。这一切并非为了社交而社交，即埃文也不喜欢漫无目的地闲聊。

问：如何定义"社区"？

埃文："社区"对我而言应该是一群志同道合的人聚集在一起，度过愉快的时光，同时互相帮助，从而实现各自的目标。

问：你的社区成员需要什么样的特质？

埃文：LDV 社区是投资者和企业家的月度聚会。我首先寻找的是投资领域的专家（风险投资家、天使投资者和战略投资者），也邀请了一部分创新型人才。性别平等对我而言也很重要，我希望宾客能够感受到纽约科技圈生态系统的多样性。最后，我希望身边能够充满有思想、值得信赖的人，而不仅仅是能闲聊的人。我会邀请能干实事并且愿意帮助他人的人，同时过滤掉一些"不合适的客人"。

硅谷的经历让我明白，最好的社区并不依赖于某一个人；相反，要靠众多忠实的成员。在多元基础上产生的共识，具有强大的精神指引力量。当我看到社区里大家互相为对方创造机会时，我感到非常高兴。Book in a Box（畅销书作家 Tucker Max 创立的出版公司）的创意就来自社区晚宴。一位客人解决了另一位客人的问题，无论是出版一本书，还是寻找一位技术传道人，这些都能在饭桌上得以实现。

问：你认为社交中最重要的是什么？

埃文：我们都是普通人，这也就意味着我们或多或少都会以自我为中心，习惯优先考虑自己的需求。若想获得真正的社交成功，不仅要考虑自己，更要考虑对方，去关注对方对什么感兴趣，对方想要获得什么。能够达到互利共赢的社交，才具有真正的价值。

刚开始组织社区晚宴时，我试图去游说那些不愿付出的人，但最终失败了。而现在我把更多的精力放在原本就愿意付出的人身上，才成就了今天这个强大的社区。

拓展社交圈

通过以上内容，我希望你已经明白，社交是一个带有目的的过程。按照正确的方式一步步搭建你的社交圈，预期的结果可能就自然达成了。

听说过威廉姆·道斯（William Dawes）吗？

美国革命的成功要归功于一个人，他敲开了一扇对的门，从而激活了整片人际网络。不，这个人不是威廉姆·道斯。1775 年 4 月 18 日晚，道斯确实与保罗·里维尔（Paul Revere）一起骑马夜行，将英国殖民者要对波士顿发起进攻的传言奔走相告，但历史书上只提到了里维尔。

我们从社交的角度来看看，为什么只有里维尔能够被载入史册。里维尔知道如何快速有效地激活和利用他的人脉，他的战略洞察力改变了历史的进程（当然靠的是他的社交圈）。

里维尔得到了他想要的结果。

里维尔是一名银匠和实业家，而道斯是一名制革商。这两个人的背景可以说是旗鼓相当，因此两人最终结局的不同并不能归咎于教育、财富、影响力、职业或社交圈的差异。真正的差异在于里维尔对社交圈有着充分理解，并知道如何利用，他很清楚自己要先去敲谁的门，并且明确知道他需要对方为他做些什么。

你是否也正想方设法扩大你的社交圈呢？

拓展社交圈的根本目的是实现自己的目标。在这个高度互联的世界里，你需要确保你为社交所投入的一切，都有利于实现你最初设定的目标。

2008 年，当时我还是 White & Case 律师事务所的经理，我选择离开了原本的部门，去另一个部门着手为公司做一个"校友"项目[①]。这对我而言是一个全新的挑战，也是一个非常有趣的挑战。我没有任何资源，没有工作人员，没有市场预算，只有一个所谓的负责人的头衔。为了快速启动这个项目，我需要说服很多同事，让他们从"自己"的工作中抽出点时间来帮我。我花了大量的时间去游说，但我并不后悔，甚至感谢这段时间的付出，因为在这个过程中我认识了公司里的很多同事，也熟悉了众多部门的运作流程。

除了缺少工作人员和预算之外，我也没有准确的"校友"名单。这么多年来，数百名专业人士离开了公司，在银行、政府机构或竞争对手的公司工作，但我根本不知道这些人是谁。

那么，连"校友"是谁都不知道，这个项目要如何进行下去呢？此时就要充分利用线上社区的力量，一个一个慢慢找。首先，我对我的社交媒体档案进行了改造，经过仔细的措辞拿捏，编辑了一条相关信息发布在个人资料中。我的标签是，"校友"项目负责人。我所有的社交档案都反映了一个核心：寻找、联系以及吸引"校友"。在那 15 个月当中，我是个兴趣单一的社交媒体用户，需要利用这些平台完成公司的"校友"计划。我所有行动的目标都很明确，在领英上发出的每一封邮件内容都与我个人资料上的简介完全一致，我还会定期更新"校友"项目的最新成就。另外，

---

① 打造公司离职员工社群的项目。

实在是太感谢这些免费的社交媒体平台，毕竟，我没有预算啊！

我搭建并维系了一个社群，并且还摆脱了毫无意义地闲聊和无止境地分析无效信息！

为了完成目标，你需要人脉支持，并利用人脉资源来调整自己的需求。我就是通过建立牢固的人脉关系以及重点进行线上社交，来实现我的目的的。

坚持就是胜利

这是社交另一个无奈的部分，与其惦记着坐飞机时偶然遇到大客户，不如依靠自己坚持不懈的努力。坚持是通往社交成功的必经之路。

乔·斯泰勒（Joe Styler）是一个典型的案例。乔的社交策略会在第 3 章中详细介绍。在 GoDaddy 工作的 10 年中，乔的社交模式是多接触可以请教的人，与他们保持紧密联系，以便机会到来时自己第一个出现在他们脑海中，还有就是投资自己的团队。最终，乔不仅拥有了他想要的工作，还在 GoDaddy 和行业中拥有了强大的社交圈。

如果你还没有成功，不要气馁，继续将电子邮件发送给有价值的人。

专家建议：在表情包时代也要注重礼仪

你通常如何邀请别人共进晚餐？

◎ 发邮件。

◎ 打电话。

◎ 脸书群聊。

◎ 电子邀请函。

◎ 发布在活动营销平台上。

◎ 短信。

◎ 手写并邮寄邀请函。

◎ 当面邀请。

◎ 看情况选择以上一个或几个方法。

◎ 从不邀请别人吃饭。

随着 JPEG[①] 时代的到来，贺卡和传统书信或许已经过时了，但这并不意味着不再需要通信礼仪了。这点应该没有人比艾琳·纽柯克（Erin Newkirk）更清楚了。艾琳是 Red Stamp 的创始人，该公司的业务是让用户可以通过移动设备、台式电脑或者盖有老式邮戳的信件，来表达感谢、祝福、宣布某件事或者只是简单地问好。Red Stamp 是 2005 年推出的，赶在社交和移动通信大冲击之前。一系列社交媒体的出现，可能已经彻底改变了人们的交流方式，例如，你可以在生日或周年纪念日同时向很多人发送信息。然而，艾琳认为，真正的社交和建立稳固的人际关系不能单靠这些特殊日子的交流。

我记得，艾琳和我第一次是在 Listserv[②] 上"见面"的，相同的观点把我们联系到了一起。我们的友情从 Listserv 发展到邮件往来，好像还互相关注了脸书和领英。直到 2012 年夏天，艾琳作为演讲嘉宾参加了我所组织的创始人早餐会，我们才真正见到了彼此。

---

① 电子图片存储格式，"JPEG 时代"即指以图片、表情为主要传播手段的互联网时代。

② BITNET 上用来管理邮件的程序。

问：你从创立、扩张到最终出售一家专注于改善人与人之间关系的社交商务公司，是什么样的契机或者说是哪些人与人之间的互动，促使你认为肯定有更好或更有意义的社交方式呢？

艾琳：Red Stamp 的宗旨是帮助客户建立更为强大的人际关系，减少阿谀奉承，回归社交礼仪的核心。因此我们建立了一套社交基本原则，帮助人们建立商务及个人社交圈。

在 Red Stamp，我们以高效、美观、平价的方式帮助人们实时表达自己的感情，提升每一天的生活品质。在现代社会，人们确实有多种多样的情感表达方式，但有一点始终没有改变：重要的是你的想法与心意，而不是手上的邮票和书信。

尽管社交媒体始终处于舆论的风口浪尖，但我认为它非常神奇，竟然让我们能够与不同地区的朋友保持联系。移动与社交技术确实在很多方面促进了通信的发展。通过移动通信，你能在参加完聚会后告诉主办人"她的聚会是最棒的"；也可以在 Instagram 上与全球各地的亲戚朋友分享生日的快乐；只要脸书上的一条帖子，你就能和在明尼苏达州[①]开门廊派对[②]的朋友一起庆祝 11 月份气温达到了 75 华氏度[③]。

问：根据你的观察，人们通常是如何利用 Red Stamp 来实现交流的？这符合你最初的预期吗？

艾琳：感谢函和生日祝福毫无意外是使用频率最高的，紧接着就是商

---

① 位于美国北部，因冬天的寒冷而出名。
② 顾名思义指在门廊享用茶点，可以放松地聊天、说笑。
③ 折算约 23.8 摄氏度，这里指庆祝冬天气候温暖。

业信函。我的初衷是希望 Red Stamp 能够帮助大家记录日常生活，现在也确实做到了这一点。这是一个实时平台，让人们能够随时随地以他们想要的方式表达他们的感受。可能你已经猜到了，在情人节那天，平台监测到了大量的信息。

问：有没有哪一次商务社交对你而言很重要？

艾琳：我曾受邀以社交为话题开展一场演讲，大家都想知道我的社交秘诀是什么。其实我演讲的标题基本总结了我的演讲重点。在这次演讲之前，我真的没有想过我是"如何"社交的。我的演讲题目为"人际关系就是你的秘密武器"，我想让听众记住的是"善待他人会有好报"。

问：慷慨待人是成功社交的关键因素，这点你认同吗？或者说在 Red Stamp 中适用吗？在全渠道社交时代，你认为要如何慷慨待人？

艾琳：关于社交和为人处世，我有以下三条基本建议。

学会感恩。感恩有很多种形式，但每一种都需要发自内心。对我而言，最重要的就是学会说"谢谢"，并心怀感激。几乎每一次结束对话或自我介绍的时候，我都会表示感谢。（"你好，我叫艾琳，很高兴来到这里，谢谢你的邀请。"）感恩应该渗透在生活中的每一天，无论是好是坏，都应该找到自己当下应该感恩的事情。因为生活总有值得人感恩的东西，也总能让人学到东西。感恩的力量是无穷的，感恩意味着敞开心扉。

在索取之前先学会付出。真正聪明的人不会等到需要这个人了才去找他，而是很早就与他建立了良好的关系。用一颗真诚而善良的心去对待别人，在索取和要求别人之前先付出与给予。试着在力所能及的范围内多去帮助他人吧，你会从中收获满满的成就感的。

保持联系。这并不是让你经常写信或是打电话，联系的方式有很多。例如请朋友喝杯咖啡，或是送他一张星巴克 5 美元的礼品卡，并附上几句温馨的话语。送花也是个不错的选择，鲜花往往能够给人带来一天的好心情。甚至只是动动手指，随手点赞或转发分享一些好文，这些都是保持联系的方式。

问：建立社群非常耗时，而当下社会节奏快，大家都想要立竿见影的效果，你是如何应对这两者的矛盾的呢？

艾琳：有一点要明确的是，人际关系是一项持续性的工作。当我想到某位朋友时，我会立马给他打电话、发短信或发电子邮件。我不会把爱与关心留在"草稿箱"，等到他生日、假期或是我需要他们的时候才发送出去。我发现，简短、频繁的接触更自然、更真实。

问：你是如何将线上的社交圈带到线下现实生活中的呢？

艾琳：无论互动发生在哪里、如何发生，它总是和真实的人有关。每次与人线上聊天，我都会忍不住想象他们在现实生活中的样子。

问：你一般使用哪些社交工具？

艾琳：Red Stamp、领英、电子邮件，当然还有星巴克的客户端。

亲密社交圈无法帮你成就大事

我们与朋友、导师以及顾问的关系通常更为深入、紧密，因此这个亲密社交圈主要是为我们提供反馈、指导和建议的。除此之外，我们还需要一个更为广阔的外部圈子，从而接触到自身知识范畴以外的机会和想法。这两种类型的圈子缺一不可，并且需要用不同的方式来对待。

无论你是企业家还是求职者，你都需要尽可能广泛地拓展自己的社交圈，否则你很有可能就受限于当下既有的圈子，迟迟无法突破。

专家建议：邀请游戏

桑迪·克劳斯（Sandy Cross）在高尔夫行业工作了近 20 年，她现在是美国职业高尔夫球协会（PGA）的高级主管。凭借丰富的经验和广阔的人脉，她在美国职业高尔夫球协会的地位与影响力逐渐提升。不断开拓新的社交圈是桑迪取得成功的关键，她善于识别新的商业机会，将其与现有项目结合，以帮助更多人更好地自我实现。

还记得前面我们提到过，在社交过程中合理运用各种工具的重要性吗？桑迪和我最初结缘于我的一篇博客，我在博客中描述了打高尔夫球是如何帮助我在法律职业生涯早期建立重要客户关系的。正因如此，现在我才有幸为桑迪的两场 PGA 赛事发表演讲。

问：你将高尔夫称为社交商业，这是什么意思呢？

桑迪：高尔夫是很典型的非单人运动，并且基本上都是受他人邀请才会接触的一项运动。不信你问问身边打高尔夫球的人，看看他们是怎么开始的。一般第一次都是有人邀请他们去参加课程或到球场试试，当然，你也可以自己一个人练习，但大多数时候你都会和同伴一起打球。这也是高尔夫球这项运动的特别之处，很少有运动能像高尔夫球这样，让你和同伴共度几个小时，既能运动，又能聊天。

问：让不同行业的职业女性参与高尔夫是你最近在 PGA 举办的一系列活动的主题，请问你是怎么做到的呢？

桑迪：首先，高尔夫在建立和促进人际关系方面具有其独特的力量，因此我们美国职业高尔夫球协会推出了"飞越绿地"活动。在美国 PGA 锦标赛和莱德杯（Ryder Cup）等主要赛事上，我们邀请了众多企业家亲临现场观看比赛，当天活动包括专家小组讨论、主题发言等，这其中有大量的社交机会。随处可见的公司徽章、圆桌或公共座位以及大量的休息时间，我们所有的安排都是为了帮助与会者建立并培养关系。虽然"飞越绿地"活动不包括任何实践性的高尔夫教学，但当天的活动让女性同胞亲身接触了这项运动，帮助她们打破了一直以来的神秘感和胆怯感。另外，我们还邀请了高尔夫球手和非高尔夫球手参与活动，让业余球手获取更多、更专业的高尔夫信息。

问：我也参与过"飞越绿地"活动，也是那次活动让我初次感受到高尔夫玩家群体的力量。这种内部社交圈又是如何促进你的成功的呢？

桑迪：很多人看待社交的角度很单一，往往只考虑公司或行业之外的人脉。而我在高尔夫和体育界很多外部关系最初都是从内部人脉开始的，我发现同事们很愿意让我融入他们的圈子，当然我也会做同样的事情。这种方式不仅使工作环境更具协作性和趣味性，工作效率也大大提高了。

问：以你现在的职位，很多 PGA 或是高尔夫界的活动都需要你亲自出席，你是否偶尔也会疲于这类社交呢？

桑迪：这些会议和活动对我来说是非常有成效的社交工具，我相信不论内部还是外部都有很大的价值。我的意思是，不要只出席那些与工作或行业有关的会议和活动，打破这种思维定式，试着去参加一些与自己领域相关度不太高或是完全不相关的活动。你会发现，当你跳出常规领域后，你的思维会变得更加宽广，也会获得更多的灵感。举个例子，我最近参加了 ADCOLOR[①] 行业会议。会议的主题是多样性与包容性，主要参会嘉宾是通信行业的专业人士。通过聆听与学习，我能够透过另一个角度审视自己的多样性与包容性，这点让我受益匪浅。我发现与会人员非常热衷于分享自己的见解，愿意交换联系方式以便会后保持联络。

问：我们最初的联系是源于我为 Levo[②] 网站撰写的一篇博客。一般来说，社交网络平台对你的日常工作有什么影响？

桑迪：推特和领英在我职业发展过程中起了非常重要的作用。我是 2009 年开始使用推特的，当时主要关注我们企业的合作伙伴，这是为了能够第一时间得知他们的动态和品牌促销活动。很快，我就发现推特几乎把整个世界都展示在了我的面前，包括主题专业知识、新趋势和新话题以及无数乐于分享和帮助他人的用户。而领英提供的信息更为正式，也更具深度，这两者对我而言都非常有用。我们很多专业员工都是通过推特和领英获得的。

---

① 一个致力于在科技和创意行业内倡议、推动企业多样性的组织。
② 创业分享平台。

无法预知

社交是一个自主参与的过程，需要付出努力来建立人际关系，需要花费大量的时间。但最终你可以控制的，只有你自己的社交行为。通过控制与明确自己的社交方向，能够大大地提高成功的概率。

我是全球商业社群 85 Broads 的活跃成员之一，最初看起来与其他成员没什么两样，但我成了该组织的第一任总裁，这是因为 85 Broads 的创始人珍妮特·汉森（Janet Hanson）看到了我身上对这个组织有益的一些特质。可以说，我是在对的时间、对的地点，展现出了对的能力。而这一结果是我没有预知到的，我所做的只是坚持开展我的社交活动。

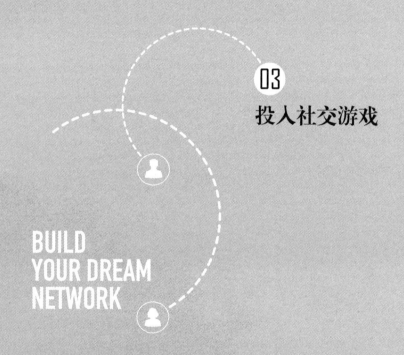

03

投入社交游戏

BUILD
YOUR DREAM
NETWORK

你是否已经铆足了劲儿，准备开始社交了呢？

众所周知，现代的社交环境杂乱、拥挤，充满了以自我为中心的人。大小活动都在争夺你的眼球，线上线下，从未停歇。单单回复电子邮件就已经要花掉大半天的时间，电子邮件的收发量不断提醒着我们所面临的沟通挑战。其他联络方式的势头也不容小觑，单单一款移动通信应用 WhatsApp 一天内就处理了 640 亿条信息！这还不包括通过 WhatsApp 等平台发送的数百万条视频、照片和语音信息。

点手机、发短信、刷磁卡、按鼠标，移动技术和新业务模式的发展，推动了以上这些活动。周遭所有的声音都在不断提醒你，无论何时何地，你的圈子里总有人需要互动。

你的社交目标是让自己的声音在嘈杂的背景中脱颖而出，你需要完全投入这个新的社交模式。需要提醒的是，有些老的社交规则在新环境下仍是适用的。

专家建议：明确目标

密切关注其他人的行为举止，并明确当前的主要任务，这是排除噪音干扰的一种方法，这也是首席人力资源师詹妮弗·约翰逊·斯卡尔兹（Jennifer Johnson Scalzi）的秘诀之一。

2004 年，詹妮弗在纽约市的一家精品买手公司开始了她的新工作。总体来看，从她决定搬离德克萨斯到接受这个新设立的、极具挑战性的职位，总共花了大约两周的时间。搬家之前，詹妮弗除了她的新老板，在纽约一个人也不认识，新老板也是因为面试才认识的。但在几年之内，詹妮弗在行业内名声大噪。努力结识新人，是詹妮弗成功的关键。

问：初来纽约时，除了新老板你一个人都不认识，却果断地搬离了原本熟悉的城市，接受了这份新的职业挑战，当时你是怎么想的呢？又是如何看待这份挑战的呢？

詹妮弗：可能是源于一股学习的热情吧，我当时就想尽可能多地向老板以及周围的人学习——学习如何接听电话、同事间如何互相问候、带客户到哪里用午餐……就这样过了一段时间，我找到了自己的工作节奏。我发现我负责联络的客户通常会在下午或更晚的时间给予答复，所以 9:30 之前致电或发送电子邮件是毫无意义的。

问：纽约这个城市诱惑很多，很容易让人分心或浪费时间，你是如何挑选出最佳社交时机的呢？

詹妮弗：一开始基本每一次邀请我都会接受，每！一！次！而且每一次受邀，我都会提前去帮忙，或者在活动期间搭把手，或者结束后帮忙打扫。对我而言，专业的或是私人的活动，这并不重要，因为我并不是要推销自己，我希望的是下回还能再受到邀请。从实际的商业社交来看，当你递出自己名片的那一刻，你就将自己从"新人"的身份转变为以名字为基础去认识每个人了。真正参与到活动中以及真正了解活动的组织者，才能确定最佳的社交时机。

问：目前你已经有一个较成熟且以行业为中心的社交圈了。那么你如何扩大这个圈子呢？你是怎么看到这个扩展社交圈的需求的呢？

詹妮弗：我认识到自己的专业知识非常有限，视野也不够开阔，因此我开始刻意地去接触我的专业领域之外的人。自 2010 年起，我每年都会积极参与"穿出成功"（Dress for Success）这一活动，并于 2012 年成为其初级咨询委员会的领导层之一。其他志愿者也是来自各行各业的年轻女性，包括时尚界人士、华尔街银行家、高管和企业家。因为我们都有自己热衷的事业，并为之而奋斗，所以自然而然我们成了朋友，社交圈的扩大也就是水到渠成的事了。

问：你认为你在社交上的成功主要归功于什么？

詹妮弗：了解对方的情况与需求是关键，因为这样你就能知道自己能为对方做什么，而你又可以请求对方为你做什么。要知道人际网络是动态的，某些人可能很活跃，某些人可能很沉寂，你要学会尽早清除那些不来往的人！

问：你的事业从德克萨斯起步，后来搬去纽约，而现在你在波士顿，你的客户几乎遍布了整个美国，你是如何维护这些人脉关系的呢？有什么工具和建议吗？

詹妮弗：我有一张客户生日清单，每年我都要给很多人寄卡片。另外我充分利用了社交媒体，我会在脸书和领英上关注我的每位客户，时不时通过照片或是分享打个招呼。我发现在社交媒体上分享自己的痛苦与欢乐，这会让许多联系变得更为紧密，特别是针对一些无法定期见面的朋友。另外每次出差，我都会额外安排一段时间，逐一拜访该城市的重要客户。

"为什么"过滤器

我经常给出的一条建议是"停止随机的社交行为"。正如愿望不算一种策略一样，随机社交也不是解决问题的有效方法。从核心来看，社交的真正意义在于解决所面临的问题或是应对相应的挑战。

回想一下你的社交方式，有多少次你发现自己虽然出席了活动，却不知道为什么要参加？有多少次你拒绝参加办公室聚会或节日派对，因为你觉得没必要出席？你是否有错失恐惧症，所以即使是很少使用的社交媒体，也要完善个人资料？我们一直都在进行这些随机的社交行为。

有效的社交需要明确的目的和充分的准备。任何成功获得社交机会的人都知道他们为什么要写博客、为什么要发送推文以及为什么要接受工作聚餐的邀请。本章开篇对詹妮弗的采访就是个典型的例子！初来纽约时，她决定接受每一个邀请，目的非常明确：她需要在法律营销行业建立自己的人脉，以便完成她的工作！

因此，有效社交的第一步就是学会问自己：为什么？

你的回答应该是：

- ◎ 通过社交，得到了你最终想要的结果。
- ◎ 通过别人的帮助，解决了你想要解决的问题。
- ◎ 你前进的方向或是你的目标必须明确。
- ◎ 你清楚该如何长期维护你的人脉以及坚持自己的关注点。
- ◎ 你清楚如何让自己一直走在正轨上，排除掉干扰和不必要的闲聊。
- ◎ 反复不断地回答"为什么"的问题，让自己对原本不愿参加的活动不再抗拒。

找到原因，摆脱错失恐惧症

每天（甚至每秒）你都面临着无数的社交选择，大部分时间我们都面临着太多的机会。这就导致了生怕错过些什么的恐惧感，甚至引发社交恐惧。不要让错失恐惧症分散了你的注意力！

这就是我们需要过滤器的原因。

问问自己什么能够帮助你筛选出真正的机会。当机会比比皆是时，该如何高效、快速地辨别优劣呢？以下是我常常问自己的问题：

- ◎ 这个机会是否与我的目标一致？
- ◎ 我的参与是否会增加其他参与者的价值，并对我自身有利？
- ◎ 这个机会能否拓展我的人脉以及 / 或是能否加强我现有的人际关系？
- ◎ 我的直觉是什么？（没错，我是一个很相信直觉的人）

以上这些问题可以让我免受错失恐惧症的侵扰，快速做出决定，把握社交机会。明确社交的目标或计划后，你就能够透过现象看到本质，判断是否与你追求的结果或期望一致。

我曾专门飞往贝鲁特，为一次移动技术会议发表演讲。由于距离遥远，加上时区和转机，为了参加这个60分钟的演讲，我整整排出了一个星期的档期。这看起来有点疯狂，但我的原因如下：

◎ **目标一致**。2015年我的目标之一是扩大我的社交圈，而这次会议正是一个契机。这次会议吸引了大量新兴企业主、相关投资者和科技生态系统的创新人士。作为投资者、创业顾问以及纽约市科技界女性企业家的代表人物，我有一定的知名度，这次会议让我有机会将自己的声望扩大到硅谷之外。

◎ **附加价值**。此次组委会邀请我以"网络和移动热点趋势"为主题，在开幕式上发表演讲。我唯一担心的是，以我对移动技术的投资经验以及我作为移动趋势见证者的见解，是否能够与会人员带来些许启发。为了这次演讲，我跳出了自己的专业舒适区，在会议开始之前对移动趋势进行了深入的研究，做了充分的准备。

◎ **拓宽人脉**。这个机会让我接触到了一家新创公司和其众多投资者。我以前从未去过贝鲁特，与埃及和迪拜的朋友的联络基本全部依赖网络技术。尽管丰富的媒体平台和电子邮件为我维系人脉关系提供了便捷，但归根结底，没有经历过面对面交谈的社交是不完整的。正如我的朋友兼导师弗兰克·金博尔（Frank Kimball）所说的，"不经历社交的最后一步——见面，一切都是不完整和无用的"。

◎ **本能反应**。从各项投资活动和职业选择中，我学到了一个道理：永远不要怀疑自己的直觉。根据推荐的来源，我的直觉告诉我，我应该要抓住这次机会。推荐我担任贝鲁特会议发言人的是一位我认识多年的开罗企业家。坦白说，能够被这样一位欣赏我的观点、了解我的职业抱负并且愿意帮助我的人推荐，这是对我最真诚的赞美与肯定。这次的推荐是社交的双赢。

机会不会留给那些犹豫不决的人。正如我的朋友艾莉森·莱文（Alison Levine）[①] 在邮件中对我说的：

魔法不会凭空发生——你必须热情地挥动你的魔杖，将魔力汇集到魔杖的顶端。

当其他人还在犹豫或期待更好的机遇时，过滤器已经让你能够挥舞魔杖了。过滤器的宗旨是要掌握主动权，把自己放在机会面前。没错，我确实错过了一些机会，但过滤器也让我避免了浪费时间、面对错误的观众以及花冤枉钱注册账号等。过滤器让我能够排除噪音，消除分心，客观地评估眼前的机会是否真的适合当下的自己。

内向社交

在写这本书的过程中，我发现我采访的很多人都是内向型的，这让我感到无比惊讶。确定采访人选时，我只关注那些通过自身不懈努力建立牢固人际关系，进而取得预期成果的人。他们有自己的社交方式，并且都完成了自己设定的目标。我只是本能地选择了这些让我钦佩的人，完全没有考虑性格这一方面。

曼尼莎·萨克（Manisha Thakor）就十分讨厌社交，但她没有逃避，而是通过控制社交过程来解决这个问题。现在，人际关系是她工作中最重

---

① 畅销书 *On the Edge: Leadership Lessons from Mount Everest and Other Extreme Environments* 的作者。

要的组成部分。曼尼莎是 BAM 联盟的女性财富战略总监，该联盟有 140 多位独立注册的投资顾问。据曼尼莎回忆，是金克拉（Zig Ziglar）的一段访谈改变了她对社交的恐惧，"金克拉说，'如果愿意先帮助别人得到他们想要的东西，你就能得到任何你想要的东西'，这种帮助别人的想法比起'闲聊社交'，让我觉得自在许多"。

通过一次次小型的社交活动，曼尼莎逐步展开了她的财富管理事业。她参加每一次活动的目标——从 Lean In Ladies 女士午餐宴到 Playing Big 大型晚宴——都是为了帮助每一位参与者解决问题或应对商业挑战。当然，获得新客户是她的最终目标，但是曼尼莎选择通过不断提供帮助来让自己成为客户的首选，从而实现她的目标。现实就是，实现你的目标（同时帮助他人实现他们的目标）确实可以大大减轻社交恐惧。

根据多年来举办社交活动的经验，曼尼莎分享了以下成功秘诀：

◎ 仔细挑选参与者。最初，曼尼莎几乎邀请了她所接触到的每一个人，这和詹妮弗的策略相似。但随着时间的推移，曼尼莎慢慢地了解了她所需要邀请的人的类型。最终，准确地判断应该邀请哪些人，让她接触到潜在客户的概率大大提升了。

◎ 让参与者有所收获。曼尼莎每场活动的目标都是让参与者能够获取投资信息，并可以加以利用。她的第二个目标是让与会者充分了解她公司提供的服务。没错，曼尼莎会直接告诉大家她正在发展的业务。

◎ 制定后续策略。曼尼莎每个月都会向一部分活动参与者发布最新的行业消息。另外，每个月她还会分享关于女性赋权和个人金融理财方面的优秀文章，以及其他有趣的资源或相关书籍。

◎ 尽早打造人脉。曼尼莎的职业生涯前期，就有人告诉她要提前打造人脉。人与人之间建立信任需要时间，因此曼尼莎建议大家尽可能早地开始打造自己的人脉，并学会维持！

专家建议：主人翁意识

她是畅销书作者，她是美食栏目编辑，她是在线公关课程创建者，她就是瑞秋·霍夫施泰特（Rachel Hofstetter）。瑞秋善于把合适的人都聚集在一起，这种特质似乎与生俱来，是她 DNA 的一部分。因此她成立了一家专注于促进宾客关系的科技创业公司 Guesterly，并于 2015 年被摄影图集订阅服务公司 Chatbooks 收购。

你可能永远都不会主办一场活动，但主人翁意识会为你的社交带来很多好处。尤其针对那些性格内向或是在拥挤场所会感到不自在的人，我的建议是"将自己想象成主人"。即使你不是聚会或活动的举办者，主人翁意识会让你暂时忽略自己当下的感受，因为你更需要关心的是在场宾客的体验。由此，让别人更舒适的同时，你自己也会更放松。

问：你是专家，你的创业公司 Guesterly 也致力于让活动中的客人更快、更轻松地建立起联系。请你描述一下好的活动组织者应该具备什么特质呢？

瑞秋：好的活动组织者会让每个人都觉得自己是贵宾，这听起来似乎很简单，但要笑待每一个人（从最好的朋友到路人甲）需要一个很长的过程。

好的组织者还扮演着"润滑剂"的角色。在宾客互相介绍时主动挑起几个话题，这能帮助客人消除拘谨。

好的组织者自己也会很享受派对！在客人到达前，将自己从筹备者模式中抽离出来，这样在派对进行时你就可以进入全职主人模式了。

问：你是如何做到让活动如此受欢迎的，有什么技巧吗？

瑞秋：分享一些幕后细节会让客人消除拘谨。仔细想想有什么能为客人考虑的，他们要穿什么、选择什么出行方式、可能会见到谁、想吃什么或喝什么等，这一系列细节的考究会让客人在走进门前就感到放松。比如，你的派对会有小食、主食，还是只有饮料？再比如，让从外地赶来的宾客知道最近的地铁线路在周六停运，或者告知他们活动地点是在单行道上。

还有，客人的第一印象非常重要，这将影响到整个活动。来自主人热情的问候、一个方便放置箱包和外套的地方以及提供饮料等，都是可以留下好印象的方式。如果可能，带领新来者融入整个活动，并将他们介绍给可能有共同话题的人，这能够消除"我该和谁聊天"的尴尬，同时让客人感觉到自己的重要性。

最后，找到落单的人，带领他们加入大家的谈话，这点会让他们感到非常开心。无论你是组织者还是参与者，这招都十分管用。在活动中结交新朋友最简单的方法，就是找那些和你一样落单的人聊天。这样同时解决了你们双方的困境，双赢！

问：婚礼形成的社群通常是暂时的，大家相聚只是为了见证这一重要的时刻。那么像这样的场合想要加强人际联系，你有什么建议吗？哪些又可以适用于其他情况呢？

瑞秋：通过婚礼这样的活动建立起来的社群其实非常强大。邀请你的新婚夫妇一定是你所爱的人，而在场的其他人则是他们所爱的人，因此这个社群内部很容易建立起新的联系。若想牵线搭桥，主办者可以做以下三件简单的事：

1. 任命"大使"。现场总会有人"不合群",或者不太认识其他人。指派一位大家都很熟悉的客人担任"大使",让他介绍并带领"不合群"的人融入活动。

2. 主张拼车。如果客人从同一城市出发参加你的活动,花 10 分钟的时间通过电子媒介将他们联系在一起,以便结伴出行。这种简单的联系会让客人感觉很棒。

3. 帮助宾客互相认识。记住对方的名字有利于建立更紧密的联系。研究表明,如果我们不记得对方的名字,即便是以前见过的人,我们都不太可能与其交谈!不要让这一点影响了你的活动。你可以制作精美的来宾指南或是姓名标签卡,甚至可以整理一份文档,列出宾客的个人资料。

问:你是如何将线上的人脉发展到线下真实世界里的呢?线上与线下是否有区别呢?

瑞秋:我喜欢进行线上社交。线上社交是启动、跟进或维持一段关系很好的方法,但如果能够搭配真实世界中的一些互动,它会更有效,哪怕只是现实生活中的一通电话!我发现,在现实生活中并不需要频繁地见面,只要有线上联系,即使线下会面每年或每两年只有一次,双方都能保持良好的关系。

太多还是太少?

2010 年《纽约时报》的一篇文章《跳出硅谷圈》曾引起了我的注意,文章内容直到现在还令我记忆犹新,其中有这么一句话:

人脉对于创业至关重要，因为大多数投资者并不会对陌生人投资。

我记得当我读完这篇文章时，得出的结论是：人脉很重要。

无论是创办一家公司、找工作、获得董事会席位，还是了解孩子的学校、寻找更优秀的教练，所有这些事情都取决于你的人脉。在这个高度互联的世界，要想完成这些事，你就需要经常接触来自不同的行业、有着不同背景的人，并且定期活跃于他们的圈子之中。

新兴科技公司的投资者只是我人际网络中的一小部分。对我而言，关系深厚的朋友、导师以及顾问能够为我提供反馈、指导和建议，而更宽广的圈子则能为我提供专业以外的新机遇与新思路。因此，这两类人脉资源缺一不可，并且相辅相成。

《纽约时报》那篇文章还提到：

女性倾向于与女性建立联系，而男性则倾向于与男性建立联系……这点适用于高尔夫球场乃至董事会，对于高增长的企业自然也不例外。

以下是我的建议：

◎ 与女性建立联系。
◎ 与男性建立联系。
◎ 与整个公司的人建立联系，上至领导，下至下属，以及同事、同行和竞争对手。
◎ 跳出自己的专业领域，与年龄和地域不同的人建立联系。

记住，好的机遇——例如为千里之外的会议致辞——随时可能出现，因此要将自己的人脉尽可能拓宽、拓远。不要等到自己需要时（例如搬到一个新的城市）才开始主动社交。当你限制自己的社交范围时，你就是在限制自己的机会，阻止好的想法与建议的到来。

太多还是太少，你的人脉是哪一种？

我希望你能停下来思考一下，然后回答这个问题：你现在的人脉是否足以支持你施展抱负？

你所拥有的人脉或将实现你的想法，或将打乱你的计划，这完全取决于你的人脉类型。

你的圈子中是否包含着一群志同道合的伙伴，大家关系是否非常紧密？如果答案是肯定的，那么你很可能实现你的想法或完成某项任务，因为你有一群值得信赖的伙伴可以依靠。你的圈子中是否有来自不同国家、不同行业以及拥有不同技能与职位的人？你们或许恰好因为某种原因而聚集到一起，尽管在这个大的人脉圈里你处于信息流的中心，但不要忽视亲密社交圈的重要性，这些最亲密的人会成为你晋升与发展过程中最坚实的后盾。

在你的人际网络中，是不是其中一类人太多，而另一类人太少？从现在起，你应该注意打造社交圈的侧重点了。

时间不等人

"我根本没有时间社交。"这是人们常常找的借口，而这句话的潜台词其实是：

◎ 我没空花时间在别人身上。

◎ 我也没空投资自己。

每个人的时间都是一样的，一天只有 24 小时，一周只有 7 天，一分一秒都不会多。而我们有工作、家人、朋友以及其他社会责任，哪有时间进行社交呢？

我们重新来看看社交的本质吧！

抛开原来的概念，你会发现其实每天在做的事情可能都是最佳的社交时机。日常工作中的微小变化或许能够为你带来巨大的机会，这一切都取决于你的重心。你时常谈论你的工作吗？你是否因为新客户或新机会而感到兴奋？我认识一位律师，在托儿所等接孩子的时候，和另一位家长聊了聊孩子以外的事情，后来这位家长就成了她们公司的重要客户。

社交不应该被单独列出来，作为"其他"活动或是等你有更多时间才会考虑的活动。即使你的工作全年无休，也有很多方式可以进行微社交，这就跟编辑短信一样简单。

据我所知，律师都是按小时或者更准确地说以分钟为单位来计算他们的时间的。他们往往需要花费很长时间去完成苛刻的客户提出的要求，而这正是个非常好的不与他人（包括自己的同事）接触的借口。但若想取得事业的成功或是获得自我满足，就必须摆脱这种思维方式。在这个方面，没有人比洛伊丝·赫兹卡（Lois Herzeca）更有发言权了。

洛伊丝是全球律师事务所 Gibson, Dunn & Crutcher 的合伙人之一，主要负责公司的时尚和零售部门。第一次见面时，洛伊丝和我的身份都是咨询委员会的成员，这个组织致力于推动女性从事法律事业。洛伊丝有着深厚的时尚行业专业知识，并且她非常乐意为纽约时尚领域的女性创业家提供指导和支持，而当时我正要从法律行业转向新兴技术行业，因此我们有了更深入的交流。当时我正筹划举办一场社交活动，计划邀请时尚科技公司的创始人进行主题演讲，这场活动需要一位承办者，我第一个想到的就是洛伊丝。

洛伊丝职业生涯初期所采用的社交方式甚至不需要她离开办公桌，这对她的职业生涯产生了巨大的影响。

洛伊丝是律师事务所最年轻的合伙人，是两个孩子的妈妈，也是一个非营利性组织的董事会成员之一，该组织致力于鼓励孩子帮助其他有需要的小朋友。洛伊丝是从她桌上的一本小册子中了解到这个组织的，小册子的内容非常吸引她，因此她写了一张小额支票给这个组织，并附上了一张纸条，表达了她个人对该组织的兴趣。正是这张纸条带来了该组织创始人的一个电话，然后是一次面谈，最终洛伊丝加入了该组织的董事会。这是她第一次成为董事会成员，这个职位为她带来了许多重要的业务往来。试想，如果当时洛伊丝只寄出了支票，没有附这张纸条，那么她可能就要错过职业生涯与个人生活中最充实、最有意义的一部分了。

将日常工作转化为社交机会的方法很简单：如果你们在同一个办公区域工作，不要再用邮件、短信或电话交流了，改成走几步到他的办公室聊天吧。面对面的交流很可能加深你们的关系，或是让你获得更多的信息。

学会拒绝

有时候，你需要停下脚步，学会拒绝，即使朋友说，"这肯定很有趣，你一定要来"。

关键在于，你要明白自己为什么要说"不"。

那么，要如何过滤出值得参加的社交活动或值得建立的人际关系呢？衡量的标准就是你想要达到的目标。

Guesterly 公司的瑞秋·霍夫施泰特通过时刻牢记自己的目标，从而做到了始终专注于有效的社交。在创业的准备阶段，瑞秋优先选择参加创业型活动；而在其他时候，瑞秋则致力于开拓新的社交圈。和詹妮弗·约翰逊·斯卡尔兹一样，瑞秋刚搬到一个新城市的时候，她参加了能参加的所有类型的活动，增加接触人的机会。认真研究每场活动，不拒绝任何一次邀请，因为瑞秋此时的目标是扩大她的交际圈。而当她将 Guesterly 推向婚礼市场（她之前从未接触过的新行业）时，她只参加那些与婚礼行业相关的活动，因为她需要专注于自己的社交重点。

有时候拒绝反而会让你更接近你的最终目标。

这些活动你不该拒绝

我们都做过这样的事：毫不犹豫地将印刷的卡片扔到垃圾箱中，或者连看都不看就直接删除了电子邀请函。面对信息轰炸，我们的本能反应就是拒绝。

但等等！

有没有哪些社交活动是你不应该拒绝的呢？

当然，肯定有，尤其是在工作中。毫不夸张地说，四处宣扬你永远都不参加工作中的社交活动等于职业自杀。永远不要放弃了解同伴的机会。

从我们走进办公室的那一刻起，大多数人都被禁锢在了小小的格子间里。我认识一位华尔街的投资银行家，他经常为团队点披萨当午餐。但这"免费"的午餐是有条件的——大家必须一起吃。这就达到了把员工聚齐起来的效果。事实上，打破交流屏障、建立团队合作，并没有那么难。20分钟的时间，除了可以吃完一两块披萨，还可以建立起不错的人际关系。

我的朋友瓦莱丽·克罗斯 (Varelie Croes) 是普华永道国际会计师事务所①国际税务金融服务部前总监。她在职的11年间，组织了许多活动，发起了不少倡议，她的目的很简单——增加员工之间互相交流的机会。瓦莱丽知道她所做的这一切加快了她在 PwC 的职业发展。有一次，她与同事合作开展了一个自发项目，后来她发现有越来越多的项目邀请她加入，这些项目都配备了最好的人员。她受邀参加活动的次数也越来越多，很多活动都只限于高层参加。由此，她还获得了许多对外发言的机会，她的专业能力得以发光发热。2003年，瓦莱丽以极快的速度成功晋升为董事，而她将这一切都归功于在公司内部积累的人脉。

拒绝参加工作中的社交活动，仿佛是告诉别人埋头把工作做好就能成为公司的佼佼者，或者加薪就是最好的结果。当然，你也需要策略性地选择要参加的社交活动，但绝对不要一味地拒绝走出自己的工位，拒绝与同事分享你的专业知识，或者拒绝深入了解行业发展的前景。

这个世界上有非常非常多的因素会限制你的职业发展，千万别让"拒绝社交"成为其中一项。

衡量利弊

社交是双向的。这个说法你可能已经听烂了，但这到底是什么意思呢？

---

① Price Waterhouse Coopers，成立于英国伦敦，全球顶级会计公司，位居四大会计师事务所之首。

这指的是你需要把自己的目标暂时放在一边，记住别人也有自己的目标、时间节点和优先事项。很简单，对吧？有时候你需要把请求咽回肚子里，或是走更迂回的社交路径。因为你真正想依靠的人可能正忙于自己的项目，没有时间来帮助你。

现在你应该清楚的是，人脉往往指的是一个能够帮助到你的群体。社交的过程就是寻找"先付出后得到"的人（就像瑞秋·霍夫施泰特所指的那样），并且自己最终也要成为那样的人。

那么哪一类人属于"先付出后得到"的人呢？环视四周，具备以下特点的人就是了：

◎ 利用自己的人脉帮助别人解决问题。

◎ 关心他人需求并询问，"有什么我能帮你的吗？"

◎ 帮别人做介绍，引导话题。

◎ 密切关注对你来说重要的事情，即使只是社交媒体上简单的点赞或收藏。

◎ 明确告诉你时机为什么不合适。

◎ 为你解答疑虑，即使答案可能不是你想要的。

打造成功社交圈的前提是要付出。若想要达到自己的目标，首先要学会帮助别人达成他们的目标。

你不是中心

"我喜欢发短信，不是什么事情都需要打电话的。"

听到这句话时，我内心有了一丝想法。此处的重点并不是我听到了对方的通信偏好（显然对方要表达的就是这点），而是所有的社交都要基于对对方的理解。

谁是决策者？你想获得他的关注吗？他是高尔夫球手，抑或是歌剧迷？或许你已经确定了自己需要联系的个人或群体，但你是否注意到他们之间的互动方式？你可能喜欢发表情包（或手写感谢信），但对方的通信偏好是什么呢？

每一次互动都是建立信任的重要机会。新媒体以及网络社交的好处在于，我们大多数人的兴趣点都有迹可循，包括通信偏好、兴趣爱好等。因此没有必要做无谓的猜测，你要做的只是关注所有相关的网络数据并进行筛选即可！

社交思维

研究表明，帮助他人对健康有益，并且可能会让人上瘾。同时，帮助他人还有利于促进个人的职业发展，并改善公司的经验状况。全球 IT 领域领导者思科系统公司（Cisco Systems）就深知这一点。思科内网战略小组在 2006 年就认识到，他们需要一种更好的方式把员工、团体以及信息连接到一起。两年后，思科发布了以联络为核心的内部网络，旨在增强整个公司的合作与交流。通过促进信息流动，思科还发现了公司中的社交达人，无关职衔、层级和薪酬，他们是在创想和机遇之间搭起桥梁的人。在思科这样的大公司里，信息的流通往往不易，而畅通沟通渠道则是一个改变游戏规则的商业机会。

这样的机会也存在于我们社交圈的日常互动中。也许你就是社交达人，拥有亲密的朋友、家人和同事，还有在健身房、日托中心或志愿者活动中结识的人。而科技让我们能轻松完成大量的联系，有了手机，全天 24 小时保持联系完全不成问题。但只是在线沟通，即使有许多朋友、关注者和联系人，你也不会有太多的收入增长，这就好像只是把黄页搬到了线上而已。

转变思维，要学会运用你的人脉解决问题。

那么如何培养社交思维呢？以下方法可供参考：

- 认真倾听，并关注他人感兴趣的事物，包括线上倾听！
- 为对方提供可靠、专业的信息或人脉，帮助对方进一步接近他的目标。
- 分享资源，并且努力成为信息源。
- 分享你的影响力，即使只有一点点。
- 培养社交与传递信息的意愿。

传递信任

除了慷慨、包容，信任对于建立人际关系也非常重要。那么，在当今这个高度互联的世界中，你是如何建立信任的呢？

- 手机调至静音，并放在手边。
- 合上笔记本电脑。
- 关掉平板电脑。
- 离开办公桌。

现实中无法联系的人脉是没有任何作用的，因为坚实的信任基础不可能单靠一条短信或是一篇推文就建立起来。

GoDaddy 的产品售后经理乔·斯泰勒（Joe Styler）在几乎完全虚拟的环境中工作，他会定期通过互联网与客户进行沟通。但对于乔来说，这并不足以实现大交易。因此，面对面的交谈对于他的工作至关重要。即使在互联网经济下，人们也只会与他们认识和信任的人做生意，而信任需要面对面才能建立起来。

在 Creative Morning 的总部，蒂娜·罗斯·艾森伯格（Tina Roth Eisenberg）与她的 8 人团队最初借助线上志愿者的力量，建立起了 145 个城市社群，并且规模还在不断发展中。蒂娜发现在纽约市举行的峰会上，来自 37 个不同国家的志愿者见面后，合作变得更为紧密了，邮件通信也更为频繁了。蒂娜告诉我，峰会之后志愿者之间的交流发生了巨大的变化，变得更加友好、更加互信、更加自律。所有这一切都是因为他们不仅志同道合，而且曾经在一个真实的房间里相聚过！

社交的本质是与人连接，确实，我有些深厚的友谊也是从线上开始的，就像我常常开玩笑说的，"我就是你在推特上遇到的那个女孩"。但只有通过 Skype 实时对话，或线下聚会吃饭，我们的友情才会变得更加坚固。

人们总会很乐意、很慷慨地利用自己的人脉资本，来帮助他们信任的人。信任仍然是所有成功社交的关键，任何互联网应用程序、算法和智能技术都无法完全建立或破坏人们之间的信任。

懂得分享

2010 年，《纽约时报》上一篇关于合作的力量的文章引起了我的注意。该文章主要研究阿尔茨海默病，并重点介绍了全球合力寻找该病发展过程的生物学标记的结果。这些研究成果得益于科学家、制药公司以及政府间的通力合作与交流，各个利益相关者和研究工作参与者都乐于第一时间公开分享他们所有的数据与发现。

在网络化的背景下，这项科学成果有什么特别之处呢？你可别吃惊，其实这种全球性协作、共享信息的模式是前所未有的。在这之前，还从来没有利益相关者放下自尊、团结起来的先例。过去的研究模式都是科学家独立开展研究，用自己的方法治疗自己的病人。旧的模式阻碍了信息的流动，从而导致研究进展缓慢，同时也带来了资金的问题。当合作模式取代了独立模式之后，该疾病的医学研究进展自然加快了。

与你的人脉圈共享信息或许不会带来这种翻天覆地的变化，但学会与他人共享，或许能够为你带来更多意想不到的结果。不要成为信息的囤积者，要学会分享信息，让信息发挥它们的作用。

04

如何开始

BUILD
YOUR DREAM
NETWORK

摒弃了"旧式"的社交规则，是时候考虑自己社交的真正目的了。明确目标，才能建立起对你来说有用的社交联系。选择一项事业或一种生活，从而将精力集中在那些能够帮助你更接近目标的社交活动上。

如果你正在阅读此书，就说明你并不是一个被动的人，被动的人只会等别人介绍或等好运自己找上门来，你已经准备好掌控自己的社交命运了。你也应该明白，不能再被所谓的社交策略分散注意力，乱了阵脚。

恭喜你，你已经成功避开了社交黑洞——"我知道我该做什么，但我不知道从哪里开始，所以一直拖着"。

社交的第一步就是明确方向，缺乏目标的社交只能称之为闲聊。在整个社交过程中，你所付出的一切努力都是为你的目标服务的，因此要时刻谨记自己的目标。你的下一个职业目标是什么？你一直想要做的项目是什么？你需要社区在哪些方面支持你？

设定目标可以帮助你更好地控制自己，摆脱社交焦虑。确定目标后，找出能够帮助你的人脉，然后一步步向目标靠近。

这才是避免浪费时间的根本方法！

目标至上

正如我一开始就提到的，我认为在工作和事业中遇到的所有挑战，无论是找工作、筹款还是找资源，都有其对应的社交解决方案。你并不是第一个遇到问题的人，早已有人遭遇过你所处的困境（或是看起来很糟心的挑战），这对你而言是个好消息！他们走过的弯路都是你的前车之鉴，为你的社交之路指明了方向。

回顾我的职业生涯，很明显我一直在遵循一个流程——将需求或想法有逻辑地转化成最终想要的结果。

我解决问题的流程如下所示：

目标是什么？+哪个人脉圈可以帮你达成这个目标？＝需要什么策略？

正如我在第 1 章中提过的，这个过程应该是这样：

- 从设定目标开始。
- 确定合理的人脉，以便寻求帮助。
- 明确求助对象后，重点关注沟通策略与技巧。

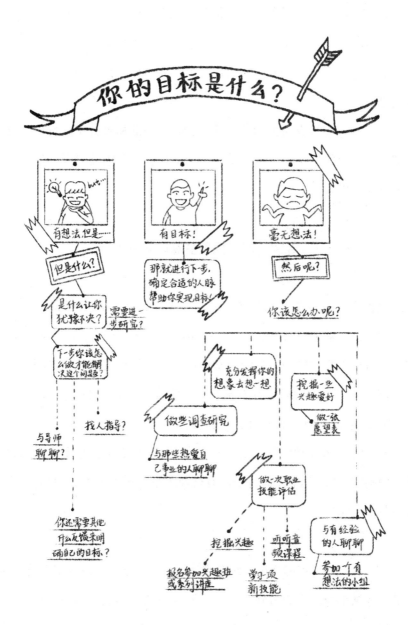

你的目标是什么？

还记得我在第 1 章中说过，我有多讨厌面对一屋子陌生人吗？如果满屋子都是陌生人，这就说明我根本不知道自己为什么要在那个房间里，我没有准备好。我只是毫无目标地瞎忙活！而这种漫无目的的过程只会加剧社交恐惧。

盲目地参与没有目标的社交活动会让人不断质疑社交的价值，反过来又加剧了社交的焦躁，总觉得社交毫无效果，只是浪费时间，最终令人陷入失望与不快乐。

专家建议：找到梦寐以求的工作

杰西卡·佩尔茨 – 扎图洛夫（Jessica Peltz-Zatulove）是麦迪逊大街①的资深风投，被《科技周刊》（*Tech Week*）评选为纽约市"100 位最具影响力的科技人物"之一。我们通常把职业生涯比作实现梦想之路，但事实上它能促进一个人去研究并打造自己的社交圈。回到 2002 年，杰西卡刚从印第安纳大学布卢明顿分校的凯利商学院毕业，开始寻找第一份工作。虽然今天杰西卡在纽约的人脉广阔，但这是 2002 年的她无法想象的。当时的她确实有雄心壮志，但苦于没有行业关系，因此她的目标只有一个——找到一份工作！

问：经过一系列的面试，你应该确信自己大学毕业后会留在芝加哥吧，但最终你把事业的重心放到了毫无人脉的纽约。你能描述一下自己当时的想法吗？

---

① 美国广告业的代名词。

杰西卡：在芝加哥一家顶级媒体机构实习后，我进入了全球媒体代理公司 Starcom 的最后一轮面试。当时我坚信自己会得到这份工作，所以当我收到拒绝信时，我一下就崩溃了。之后我就重新调整了职业目标，搬到了纽约。那会儿是 2002 年，刚经历了"9·11"，又赶上互联网泡沫，就业市场非常不稳定，因此我需要做出更谨慎的决策。

我想找一份与媒体相关的工作，寻梦之旅从订阅 *Ad Age* 开始，同时也接触了其他一些商业刊物。我不仅要了解纽约的广告公司，更重要的是，就像电视剧《广告狂人》（*Mad Men*）那样，我还要知道谁是新商业战争中的赢家。

我做了不少工作：

◉ 我研究了客户在广告公司之间的转移模式。然后，我搜集了牵头开展新业务的媒体高管名单。

◉ 我准备了一本笔记本，摘录了各个主要广告公司的新闻。领英当时确实很新潮，但信息并不像今天这么丰富，所以我还是采用了旧的整理方式——突出新闻标题以及使用便签做笔记！

◉ 掌握了所有这些行业情报后，我将我的个人简历以及定制的求职信发送给那些我研究过的高管们，祝贺他们开展新业务，同时指出他们需要配备新的人员来协助管理新的客户。

问：你这种找工作的方式确实很独特，而且显然，你在纽约的第一份工作算是很成功的。那么对于那些屡遭拒绝的求职者，你有什么好的建议吗？如果没有很好的机遇，又该如何打开局面呢？

杰西卡：在今天这个高度互联的世界中，不论是搜索你想见的人的信息，还是寻找能为你引荐的人，都比以前容易多了。许多人会在线上公开分享自己的观点，因此求职者就有机会了解他们（例如：他们的兴趣爱好、专业领域、职业发展道路等）。这方面的研究可以帮你找到双方共同的兴趣点或有用的信息，而小细节则能增加对方对你的兴趣。

结合我毕业后的经历，现在我会选择以下求职方式：

- 在推特上关注对方。
- 寻找领英上的共同好友，并寻求引荐。
- 关注对方个人或企业博客，找到对方发表个人观点的平台，并仔细阅读其观点。如果在对方很忙的情况下还会特地在线上发表某些观点，说明这件事对他们很重要，所以，一字不落地读完是非常有必要的！
- 充分利用大学校友圈。作为印第安纳大学布卢明顿分校的毕业生，我拥有一个近60万人的校友圈，这是在求职以及寻求转介绍过程中非常好的资源。
- 当目标公司或者个人出现在新闻中时，设置谷歌提醒。
- 如果你想见的人将为某些活动担任演讲嘉宾，尽可能去参加这些活动。虽然通过线上的分享我们已经能够了解对方不少了，但现场的即兴演讲以及与观众的互动能够让你了解得更多。

问：慷慨是社交的关键因素。那么在求职背景下，慷慨对你来说意味着什么？当今社会大多数人都在等待机遇或是追求晋升，在这个环境下如何做到慷慨，你有什么建议吗？

杰西卡：在寻找工作的阶段，社交实际上就是定期与那些会尽力帮助你的人交流。对于求职者，我总是建议他们保持社交黏性，这样别人也可以分享你进步的喜悦。如果通过你的引荐，对方最终成功找到新工作（或实习机会），那么你一定不会希望从第三方那儿听到这个好消息。

问：你毕业后找工作的方式对你后续职业生涯中的社交有什么影响吗？

杰西卡：找工作的那段经历教会了我敢于冒险，并相信有更大的机会等着我。如果对某件事情感兴趣，我会认真研究，利用人脉尽可能去争取，而从不认为自己可能得不到这个机会。

曲折前行

如果没有读过前面的章节，你可能会觉得我的社区发展得很快，仿佛一夜之间就壮大了。从很多方面来说可能的确如此，但真正值得关注的是取得成功背后的故事——多年来有目的、有意识地建立各种关系以应对各方面挑战。我的社交是一个持续不断推动社区改造的过程，通过后退一步（更多的是平行移动）获得反馈和指导，以促进事业向前发展。

我不再认为事业成功必须遵循一个明确、固定的路线，早期做律师的时候我确实有这种想法。对我而言，持续有意识地建立联系，有利于我追求新的职业方向；而稳定的人脉圈，让我敢于冒险、敢于面对更多的发展机会。

勇敢跳出舒适圈

但凡一件事具有可预测性，就能够给人带来舒适自在的感受。因此我们大多数人都喜欢遵循常规，这些常规对我们而言意味着一切都井然有序，在我们的掌控之中。只要按部就班地去做，事情自然会向前发展。

常规的对立面就是变化，而很多人对于变化都有一种近乎荒谬的恐惧。

无论是职业转型、搬家还是部门重组，都会引发这种恐惧。在形成一个新的常规之前，所有这些生活中的事件都伴随着各种决定与不确定性，因而充满了挑战。

随着技术的颠覆性发展，不确定性和变化反倒成了当今世界的一大标志。变化即是常态。正因为动荡不定，你才会从中发现自己的优势，还可能会遇到千载难逢的扭转局面的机会。

克劳迪娅·巴顿（Claudia Batten）就从不逃避变化。反之，她认为正是变化给了她表现和成长的机会。甚至可以说，变化带给她的是快感，而非恐慌。

克劳迪娅现在是一位创业者，但她的职业生涯一开始也是中规中矩的。毕业后直接进公司做了白领，一切在2002年发生了变化，那年她从自己的出生地新西兰搬来了纽约。当时"9·11"刚过去3个月，她只身一人抵达纽约，毫无计划，未来的工作也是一片茫然。我记得当时的就业市场十分动荡。克劳迪娅如果足够理智，就应该收拾好东西，回到新西兰，并默默祈祷原来的公司还愿意要她。

如果克劳迪娅只是为了找工作而找工作，那她的职业生涯估计会索然无味。然而，克劳迪娅真正的梦想不仅仅是找一份工作。身边的每个人都在缩小公司规模或放弃创业，谁愿意在这个时候创办一家新的公司？谁愿意面对这其中的不确定性？克劳迪娅愿意。

克劳迪娅把失败和不确定性看作机遇，她对职业抱负的坚持，让她相继成为两家杰出技术创业公司的创始人。她的第一家公司是名为Massive的游戏初创公司，2006年被微软收购。2012年，哈瓦斯集团（Havas）成为她第二家公司Victors & Spoils（广告代理公司）的最大股东。每次公司被收购后，克劳迪娅并没有因此而放松，反之，她选择跳出舒适圈，接受新的挑战，追求下一个目标。

回顾过去，克劳迪娅认为，她职业生涯的成功完全在于驾驭了不确定性，而不是选择了稳定的工作、快速的晋升或是所谓的职业头衔。

但仔细想想，现在也有很多人是自由职业者，做项目、接临时工作或担当咨询类角色，通过变换不同的工作积累经验，从而为创业打下基础。这个过程是非常艰难的，但在我看来，克劳迪娅的职业道路现在越来越平稳了。

说实话，如果有机会创造属于自己的职业未来，谁愿意禁锢在一家公司内 40 年呢？

那么如何去面对创业的不确定性呢？第一步，将建立人际联系、打造社交圈变成你的日常习惯。

克劳迪娅的成功离不开强大的人脉圈。除了非常明确自己的下一步目标，人脉在她的职业生涯中也是非常重要的一环。无论有多艰难，她都继续向前迈进。或许正是这一小步带来了新的机遇，并推动了目标的实现。而人脉圈则可能让每一步都充满机遇。

至于克劳迪娅，她目前正忙于另一家科技创业公司，同时还致力于建立为政府服务的社群（这是她职业生涯的新领域）。没人敢肯定她会像过去一样取得成功，但这种不确定性正是推动她前进的动力，不是吗？

人脉帮你点亮职业生涯

你可能不止一次听过这样的话："为了你想要的工作而努力，而不是为了现在拥有的工作。"这句话同样适用于打造社交圈，你想让别人如何看待你，而你是否关注过别人对你的看法？

我的职业生涯算是比较曲折的，我的朋友已经见我换过多次工作了（或者同时做好几份工作）。所以我常常收到邮件："你现在在做什么？"根据我在网上分享的内容以及现实生活中的互动，这么多年来别人经常这样形容我：

- 创始人。
- 孵化器。
- 投资者。
- 创业顾问。
- 顾问委员会成员。
- 董事会成员。
- 催化剂。
- 人际桥梁。
- 社交大师。
- 社交达人。
- 项目经理。
- 人事经理。
- 社交媒体意见领袖。
- 线上声誉构建者。
- 推特爱好者。
- 社交活跃者。
- 关系建立者。
- 战略思想家和实干家。
- 导师。
- 赞助商。
- 演讲者。
- 主持人。
- 主讲人。
- 自然的力量。

以上有些是标签，有些是头衔，还有些只是我擅长的领域。2007 年我们进行了一次 360 度全方面的绩效评估，随后我发现作为部门经理，我还是非常受人尊敬的，而我的工作热情来自每一次任务的圆满完成。现在回头看看圈内大家对我的评价，不禁觉得有些搞笑。2009 年以前，我的职业生涯可以说是中规中矩，完全不愿意冒任何风险，但为什么别人眼中的我比自己想象的要更加出色呢？

如果能直接问他们理由，或是早点注意到他们对我的看法就好了。

仔细想想，现在每天与你互动的人或多或少都会影响到你的职业发展道路。留意他们对你的态度，如果有疑问，当面问清楚并寻求反馈。透过别人的眼光看自己，或许在这个过程中能发现新的机遇。因为很多时候，发表一篇文章、握个手或是加入某项会员，这些都是在为你的职业生涯打基础。

18 个月成功转型

2001 年，我第一次经历了真正的"职业之痒"，即职业疲倦期。我知道是时候做出改变了，但具体怎么改变呢？

我社交的第一个目标就是去了解如何塑造自己。

对个人职业兴趣以及技能优势等进行全面评估之后，我开始进行大量的信息搜索，寻找与自己能力、经验相匹配的岗位。我的第一条有效的职业信息来自我在多伦多的朋友，他当时就是从律师转向管理职位的，后来还获得了朋友以及朋友的朋友的转介绍。通过这一过程，我基本明确了自己想要的职业类型与工作职责，之后我开始寻求下一个更具挑战性的目标建立一个全新的专业社交网络。

一旦明确了自己下一阶段的职业目标，我立刻意识到尽管我的人际网络对我有一定的帮助，但这个圈子明显是不完整的。我需要扩大自己的社交圈，以便下一次有职位空缺时，成为招聘者的首选。

因此，我花了 18 个月的时间来构建全新的社交圈！这段时间看似不长，但也不短，尤其是在正缺工资的时候。在那几个月里，我不断遇到新的人，不断收集相关领域的信息。我参加了各种会议，加入相关委员会，与新人脉分享文章、进行信息交换，并与我见过的每个人都保持着密切的联系，有目的性地为自己想要的工作建立人际网络。

对我来说，那 18 个月的经历更像一次提醒，提醒我不仅要维持现有的关系，还要提前发展新的人际网络以备后用。

一刀切？不存在的

我不想再一遍遍重申：不是单一人际网络就能解决所有的问题！如果依靠单一的人际网络，很可能我现在还在多伦多执业；如果我只是发展我的专业人脉，而忽略了 85 Broads，那么我现在可能只是一家专业服务公司的职业发展经理或项目经理。

每天我都会整理我的通讯录，根据我的需要或是正面临的问题联系不同的人。当我怀疑自己的写作能力时，我会寻求导师的帮助，是他们的激励让我坚持写下去；当艺术教育领域一个非营利组织邀请我加入其福利委员会时，我会寄出 5 份邀请，因为我知道我圈子里有 5 个人会对这个组织很感兴趣。

不同的问题和目标需要不同的人际关系，尽可能避免始终向同一群体寻求答案。我的前任技术主管曾给过我一个建议：与一群观点不同的人在一起往往能够出现新的想法。希望你们的人际圈中也有这样的人！关键是要确保你的人脉能够为你提供一定的观点，让你在需要的时候能够有所选择。

社交的本质始终是建立关系，而这些特定关系可以为你提供所需的信息与经验。这也正是为什么我不断激励你们追求自己的目标。

同样，这也能让你想清楚自己为什么要向某个特定的人或团体寻求帮助、指导或方向，以及你的信息、见解和机会从何而来。

专家建议：以公司为核心的社交能让你顺利晋升

即使你现在已经有工作了，建立强大人际网络的重要性依然不可小觑。社交不仅关乎就业或是晋升，更会影响你完成工作的方式和速度。获得同事的支持与认可能够帮助你更快地完成工作，并为你下一次晋升或转行提供重要信息。

我之所以能从职业发展经理成功转型为 White & Case 全球校友计划经理，主要得益于我在公司工作多年来所积累的内部声誉以及在公司上下建立的强大的人脉关系。当然，这只是成功的一部分因素，但也是绝对必要的一部分，因为本身这项工作就极具挑战性，需要大胆的创造力，而且我当时没有任何帮手和预算。当你的工作需要完全依靠他人的配合与善意时，你便很快就会知道自己的口碑以及哪些是真正支持你的人。

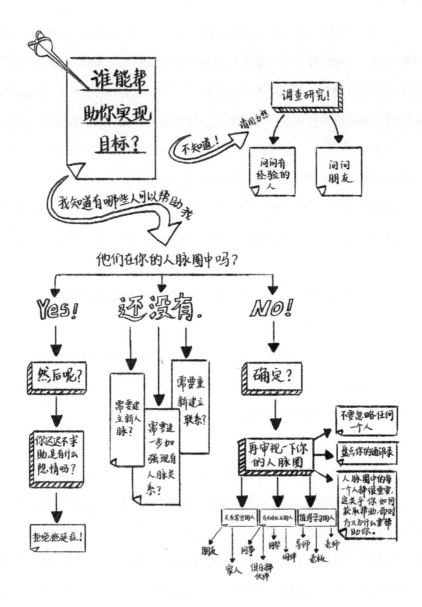

在整个公司打点好所有关系一直是我的首要任务，我也一直以为这是我的强项，直到我认识了乔·斯泰勒。2005 年，乔在 GoDaddy 还是个技术支持人员，而 10 年后，他成功打通了整个公司上上下下的关系，跻身售后部门的管理岗位，这实在羡煞旁人。对于一个初入公司、除了偶尔能帮朋友解决计算机问题之外没有任何工作经验的人来说，乔能够在 GoDaddy 中获得职业成功可谓是非常了不起的。而他所采用的社交方法更是巧妙，并且可长期坚持，这非常值得我们借鉴、学习。

问：你在 GoDaddy 工作了 10 多年，通过建立核心社交圈，从呼叫中心专员一步步向上晋升，请问你是如何在公司内部找到机会的呢？

乔：我最初的想法就是努力做好手头的工作，而正是这样的想法为我打开了机会的大门。我的第一个岗位是销售，但我的业绩真的不怎么样，因此我就找了公司的顶级销售人员，向他寻求建议。我经常坐在他旁边，听他是如何进行电话销售的。那段时间，无论工作日或休息日，我总是提前到岗，直到我了解该如何进行销售。

这一过程推进了我的职业生涯，帮助我完成了许多日常的工作。公司各个部门和职能区域都有我的人脉，我有许多值得信赖的朋友和导师，他们给予了我宝贵的建议。

问：你对域名业务的售后市场很感兴趣，但对这个领域你最初根本一无所知。你是如何应对这一挑战的？是哪些方法让你成了这方面的专家？

乔：售后市场部的竞争一直很激烈，也很少有职位开放。而我知道我必须先成为这个业务领域的专家，才有可能被纳入考虑范围，因为这个领域激烈的竞争并没有时间让你慢慢学习！另外，为了及时获取职位空缺的信息，我还必须和该部门的人员打好关系。同时，为了应对挑战，我利用个人时间不断学习，增加与团队成员见面的机会，听取他们的建议。我通常会选择与他们面对面交流，而不是发送电子邮件或即时消息。发展这些人际关系，才是重中之重。

问：等待售后部职位出现空缺需要一段时间，请问你是如何让自己成为决策者的首选的呢？

乔：从一开始到最终进入售后部，我前后花了大约 2 年的时间。

我几乎每个月都会和售后部的人聚一次，听取他们对我的建议。另外，我会定期确定该部门副总裁的行程，由于他经常出差，因此不断与部门中的其他员工保持联系确实有很大的帮助。多亏了他们，我才能知道副总裁什么时候回办公室！

通过 1 年的社交努力，我看到了入职的希望，副总裁邀请我与整个售后团队共进晚餐。我还记得当时我有多么兴奋，立马打电话给我的妻子，告诉她那天晚上我会晚些回家。那天之后我虽然没有立刻获得职位，但那顿晚餐更加坚定了我继续努力的决心。

问：在追求这个特定部门的职位时，你是否曾对自己的社交付出感到失望或沮丧？如果有，你又是如何应对这些情绪的呢？

乔：其实有很多次我都感到气馁，因为机会迟迟没有出现。感到气馁是非常不理智的，因为我从一开始就知道售后市场的职位很少有空缺。后来，为了让自己的想法回到正轨上来，我选择努力专注于我能控制的事情上。也就是说，我一门心思提高自己的技能，以更好地胜任现在的工作。

问：你非常善于观察人与人之间的互动以及洞察业务的需求。这个特点是否对你的事业成功有所帮助？

乔：我的成功主要得益于他人的帮助，同样，我的工作也是帮助他人，让他能获得成长或者获得自己想要的职位。这是无价的。我一直在努力帮助他人成长，但这也就意味着，很多时候我培养的一些优秀人才会流失到其他团队或部门，但另一方面，这也让我在整个公司有很多朋友和拥护者。

问：你在整个行业内都拥有一个联系紧密的人际网络，并且专业知识也获得了业内的认可。你是如何建立起声誉和人脉的呢？又为什么认为有必要建立业内联系以及增加曝光率呢？

乔：就像获得售后部岗位一样，我在业内的人际关系也不是一蹴而就的，更不是见一次面或参加一次相关会议就建立起来的。我一直努力走出去，这点其实具有一定挑战性，因为我是一个内向的人。你可能不相信，直到现在，我在认识新人之前还会搜集充分的有关对方的信息。

慢慢地，我意识到作为团队的一分子开展社交的重要性，我说的团队指的是任何正式和非正式的团体。你可以每天只是正常出勤上班，也可以选择积极参与同事间的交流。在你所处的行业中，你越是有存在感或者越是受人信任，你就越有能力充分运用他人的优势和专业知识，使自己更有成效！

现有人脉

人脉的起点是已经认识的人，包括经常互动的重要联系人，熟悉你、欣赏你、信任你的人，还有与你共同经历过事情的人。

如果你的第一反应是"但我身边没有这样的人"，多给自己一点时间，多思考一下。

领英是什么？

领英是联系人列表！是招聘信息！是媒体渠道！是一个帮助你与你可能认识的人建立起联系的社交平台！这就是领英！

我是领英的忠实粉丝，因为它既是一个联系人管理平台，又是一个社交指导工具。

在建立新的联系之前，领英需要你已经拥有一定的人际关系了。当你寻求帮助时，如果直接认识对方或能获得可信赖的朋友的转介绍，一定最容易成功。因此，不要被科技蒙住了眼睛，而忽略了身边最行之有效的资源。

领英在人脉拓展方面具有不可估量的价值，它不仅能够帮你开发出间接的联系（即使中间隔了2~3个人），而且能够找到与我们有共同经历的人，例如曾经在同一家公司实习或上班，或同一所学校毕业，或一起参加过社区服务，这些都可能成为建立联系的契机。这些共同经历能够引发很多话题与深入讨论。当然，或许这样会唤起双方不愉快的回忆，但对于第一次交流，这并不一定是件坏事。

关键在于你的社交圈会明显扩大，不再局限于大学的挚友或是公司里坐在你旁边的同事。而这就是领英想要带给你的结果。

回顾一下杰西卡·佩尔茨－扎图洛夫的例子，2002年求职期间，她必须一点一滴地搜集线上线下所有的信息，并且细心地记录在笔记本上。而现在很多信息都可以通过领英或其他社交平台获取，这并不是说就不需要进行彻底的信息搜索了，反而这会让整个获取信息的过程更加有效率。

专家建议：挖掘群众的力量

随着互联网以及众筹平台的快速发展，筹集资金变得普遍化、大众化。

然而，如果没有项目发起人丰富的人脉资源和社群协调能力，众筹平台将毫无用处。我们不妨来看一下现实：大多数众筹都以失败告终！只有大约45%的众筹活动成功实现了他们的资金目标，而14%的项目根本没有筹集到任何资金。众筹失败的原因并非资金，而是人脉。

为了证实我对众筹平台的看法，我联系了 digitalundivided 的创始人兼董事长凯瑟琳·芬尼（Kathryn Finney）。digitalundivided 是一家创投企业，其致力于投资黑人女性，帮助她们立足于科技领域，该公司在佐治亚州亚特兰大有一个大型的创新中心。凯瑟琳还是一位作家、知名博主以及 BlogHer[①] 的前任编辑。2015 年，她成功地在 Kickstarter[②] 平台上发起了一个众筹活动。

问：你已经拥有了一些成功的企业，包括 digitalundivided 和已经被收购的 Budget Fashionista，为什么突然决定为当前的项目众筹呢？你为什么认为现在是寻求经济支持的最佳时机呢？

---

① 2005 年创建的线上社区和传媒公司。
② 世界知名的众筹平台。

凯瑟琳：说来话长，我目前的项目主要包含了以下三个组成部分：

◎ 自 2012 年以来，digitalundivided 就一直通过孵化器计划（FOCUS Fellows）为黑人女性企业家提供支持，该项目进行得非常顺利。顶级技术公司谷歌、微软、脸书和 Etsy 等均已与我们达成合作。

◎ Project Diane 是一个数据收集项目，于 2015 年年初推出，主要致力于分享黑人女性创业家的故事。

◎ ReWrite The Code 是一部探索种族和性别在技术领域配比的纪录片，该纪录片是 Project Diane 的最后阶段。

我并不是一个人在奋战，这是整个社群的共同期望。我们都知道，要将 ReWrite The Code 的价值传送给科技和创业领域是非常困难的，更不用说通过传统的投资渠道筹集资金了！但我们又希望 ReWrite The Code 的故事能够被大家所知晓，因此我们就动用了自己现有的人脉，发起了众筹活动，希望筹集资金来实现这个想法。

问：能具体描述一下众筹的细节吗？当时这么多众筹活动都失败了，你又是如何获得成功的呢？

凯瑟琳：我们花了大约 1 个月的时间来规划所有活动的细节，但最终的成功主要还是归功于我现有的人脉。

2003 年，我成了网络上最早的一批生活类博主。后来，我的知名度扩展到了杂志与电视，有段时间还做过《今日》节目的特约记者。现在刚成为女强人的这一代都是读着我的博客长大的，这些关联和经验为我的成功埋下了基石。

自 2012 年以来，digitalundivided 已逐渐转变成一张人际网络，我们通过相关活动吸引了成千上万的粉丝。因此，在推出众筹活动之前，我们已经拥有了一个充满活力且联系紧密的社群。多年来树立起来的口碑也有所帮助！

至于实际的众筹活动，可以概括为——早点问，经常问！

在众筹开始的前 1 个月，我们就与所有的朋友宣传了这一活动，并告知他们众筹的目标。我们就是这样获得了大量的支持者，并在众筹开始的48 小时内突破了我们的目标——25000 美元。在整个为期 30 天的活动中，我们坚持向其他潜在的支持者发送推文，并与已有支持者保持沟通（定期发送邮件，介绍最新的资金筹集情况，以及如何帮助我们实现下一个融资目标）。及时并且持续的沟通，成就了 digitalundivided 的最终成功。这个社群的存在更是让我们后续的工作事半功倍，因为他们又召集了自己的朋友，共同参与到活动中去。

问：这次众筹活动对你个人以及你的职业成长有什么帮助吗？

凯瑟琳：通过这次众筹，我收获了很多。首先，个人的人脉优势是众筹活动成功的最大决定性因素之一。人们愿意投资、捐赠，是因为他们相信你。作为回报，你必须给他们一个相信你的理由。此次活动超过 30% 的支持者来自 digitalundivided 团队员工的个人人脉，我们充分利用了大家现有的人脉或曾经的社交圈。

其次，敞开心扉，大胆去寻求帮助，这点也非常重要。我发现很多人确实想要帮忙，但你必须给他们提供帮忙的机会和方法。要记住，在这个快节奏的世界里，除非你自己要求，否则世界上大多数人都不知道你需要帮助。

问：慷慨是一个很重要的社交概念，这点在众筹活动中又是如何体现的呢？

凯瑟琳：我相信"慷慨必得回报"的说法。如果你没有可以寻求帮助的人群，那么你的慷慨回报率可能极低。如果你从未为其他人、项目或事物付出过时间、金钱或资源，那么别人又凭什么投资你的项目？在我们众筹的过程中，我们听到最多的是回报我们的付出，以及参与大项目的感觉很好。

问：在正式推出众筹活动之前，对于能否获得支持，你有什么样的预期吗？

凯瑟琳：我记得我的一位好朋友在活动结束前几天问了我同样的问题。我告诉她，"说实话，我真的不知道我们能否成功"。但我知道，digitalundivided在支持科技企业家方面已经做得很完善了，而我也已经建立起了一个强大的人际网络。

在活动开始前1个月，我们分类发送了电子邮件宣传活动并收到了大量的反馈意见。

问：你是如何降低失败的概率？如果众筹失败，你会面临哪些风险？

凯瑟琳：降低失败概率最好的方法就是建立自己的社群。拥有大量的粉丝并不代表就拥有一个活跃的社群。众筹活动中常犯的错误就是过度依赖大型社交媒体粉丝，天真地以为这些粉丝会以某种方式变为捐赠者，会积极参与众筹。事实上，真正有效的是直接与了解你的人交流，直接向这些人发送大量有针对性的消息。不要再天真地认为这些社交平台会为你准备好一切！

为了降低失败的概率，我们设定了一个非常保守的目标——25000美元，用来制作 15 分钟左右的纪录片。众筹平台主要处理了付款的过程，而我们也设定了弹性的筹款目标，因为我们想要制作一部更长的纪录片。最后总共有 702 位捐赠者，共筹集 59000 多美元。

少用搜索引擎，多观察

我们已经成为大量使用搜索引擎的一代了。问题在于，每当我们有疑问，我们总是倾向于寻求直接而简单的答案，而不会好奇和探究更深刻的道理。

事实上这是当下我们所处的即时、移动和实时互联的世界的副产品，但这并不是什么好的副产品，而是一种社交烦恼。

在现实生活中，网络搜索已经消磨了人们的好奇心以及知识分子的严谨度。在线搜索时，我们总是匆匆扫过第一个搜索界面，并直接选择一个合适的答案。谷歌搜索所带来的现实问题是：倾向于简单地询问，而缺乏系统的思考。经常使用搜索引擎，可能会发生以下两种情况：

- 得不到你想要的答案。
- 根本得不到答案。

回过头来看杰西卡的求职故事，这是通过观察获取人脉的典型例子。正如杰西卡所说的，她现在的社交圈与她刚找工作时相比，唯一的不同点在于，她知道去哪里找达成目标所需要的信息。

你不能指望网络为你做好这一切。社交网站、博客、在线媒体以及维基百科为我们提供了大量有价值的信息，但现在真正的挑战是，在寻求网络帮助之前，你能否多关注一些解决问题的过程，少关注一些快捷性。

对朋友投入时间，不仅你的朋友会感谢你的付出，他们也会投入更多的时间来帮助你。

认识你的观众

我常常被问一些空洞且开放的问题，尤其当提问者是个"改变世界"的人时，我更感到沮丧。他们解决问题时的纪律性和严谨性，让好奇心完全消失了。他们只是单纯地想要问题的答案，甚至连自我介绍都没有。

从创业者的角度看，你需要挖掘投资人背后的东西，包括他们是谁、他们的思考方式、他们的投资团队等。

只要是向别人寻求帮助，就应该具备严谨性。当你越了解对方能够如何具体帮助你，他们就越能够真正帮到你。拿出你创业或重新规划职业发展时的那种激情与好奇心，投入到社交中，才有可能找到推动你前行的人脉关系。

了解你的观众

我的事业始于手机和企业内部网络普及之前。我的办公地点主要是办公室，还有厨房的餐桌（如果晚上我把工作带回了家）。实际上大部分时间我还是在办公室办公，因为那里有我完成工作所需的所有资源。无论时代如何变化，我们始终需要与其他人一起工作。因此，与他人建立良好的关系仍然是我们职业生涯取得成功的关键一环。不妨试着把截止日期和标准答案看得淡一些，加强与同事的互动！

接下来给大家举的例子，虽然是 1993 年的，但放到今天，仍然具有借鉴意义。

约翰·查普曼（John Chapman）是加拿大 Miller Thomson 公司的诉讼合伙人（上文提过，我的职业生涯是从多伦多开始的）。约翰是一位聪明且幽默的律师，他曾经像法学院教授一样，用红笔给我的简报"打分"——"这次我给你 B+"。他总是先大笑着告诉我分数，然后再详细告诉我该如何改进。他是一位非常了不起的导师，在他独特的教导方式下，我学到了很多。

但是后来，我发现其他同事并没有像我一样钦佩约翰，也不认为与他共事能够学到很多东西。有一次他们在背后议论约翰，我打断了他们，问了一个简单的问题："你一般什么时候和约翰谈项目？"

这位年轻的律师回答我："中午或者傍晚的某个时候吧。"

我摇了摇头，这就是问题的所在。午餐前后的约翰完全判若两人，那会儿约翰的孩子还小，因此他每晚都会回家和家人共进晚餐，并且亲自哄孩子睡觉，然后再继续工作。当时网络还没有普及，所以每天晚上约翰不得不拖着装满文件的公文包回家。对于他而言，下午在办公室的时间非常宝贵，他会在下午完成尽可能多的工作，然后下班时把当天没有处理完的文件装进公文包，去赶 17:30 的火车。约翰非常看重家庭，他的工作是以个人生活为中心展开的，但很多同事并没有看清这一点。

中午之前，约翰一般会预留时间给同事指导和建议。但午餐后，他会变得非常专注，因此任何同事的询问对他而言都是不必要的打扰。如果其他同事能够了解他的习惯，进而将会议和重要的讨论安排在上午，他们对与约翰共事的感受应该会完全不同。

我现在正在思考约翰会给我这个建议打几分，真是神奇！

专家建议：谁会了解、欣赏并且信任你？

现在的关键点在于，要通过社交提前建立牢固的人际关系，即使可能很久之后才会用到！这点应该没有人比艾莉森·莱文（Alison Levine）更有感触了。

艾莉森是一名探险家、畅销书作家以及炙手可热的演说家。此外，她还是美国第一支女子珠穆朗玛峰远征队的队长以及第一个成功从南极洲西部横跨约183米到达南极的美国人，她成功创造了两次历史。作为探险家大满贯俱乐部的成员（只有成功攀登每个大洲的最高峰或到过南北两极的人，才有资格加入这个独特的圈子），艾莉森深知建立强有力的人际关系有时是关乎生死的大事！

问：在你的书《边缘：珠穆朗玛峰和其他极端环境下的领导力》的第4章中，你告诉读者，"建立牢固的关系能够减少被超越的机会"。对于探险家来说，拥有广泛的人际网络也是一项战略决策。在你的圈子里应该人人都知道这一点，在这种情况下，你该如何建立这些重要的关系呢？

艾莉森：在再次探险前，我做的第一件事就是与团队里的成员交谈。大家普遍认为我这样做是因为我非常善于社交，但这并不是真正的原因（顺便提一下，我的性格很内向）。真正的原因是我想了解团队里的人，这样如果我在山上遇到任何意外，我希望周围的人能够主动帮助我。这是一种战略。

倘若在高处遇险，能否成功获救受多种因素的影响，但有一件事是始终不变的，那就是认识同行的人。因为认识你的人更有可能帮助你，或许还能为你承担大量的风险。

问：在你的书中，你还介绍了社交领导者的概念。我们大多数人的人际网络中都有这样一个与每个成员都联系紧密的社交领导者。但你指出，对于登山者而言，最好的领导者并不总是和团队一起攀登，并且登山者也不能企图依靠单一的联结来渡过难关。你能再具体讲讲吗？

艾莉森：如果你看过电影《珠穆朗玛峰》，那么你对 1996 年的珠穆朗玛峰灾难肯定不陌生，当时世界上最好的、最有经验的两个高海拔登山向导在峰顶与他们的团队分开了。而在返程的过程中，登山者遇到了凶猛的风暴。因为两位向导都不在场，无法指导他们各自的队伍回到营地，登山者最终消失在了暴风雪之中。当然我这里简化了整个故事，其中肯定还有其他影响因素，但这就是一个极端的例子，说明如果把所有希望都寄托在某一个人身上，事情可能会变得非常糟糕。

问：企业赞助对于实现美国女子第一次珠穆朗玛峰探险来说至关重要，谈谈你是如何拉到赞助的吧。

艾莉森：自从开始筹备这次探险，我就绞尽脑汁找赞助商。我寄出过信件，也发了电子邮件给一些相关的公司，例如设备公司、体育用品公司、户外服装公司等，但都没有什么回音。我的热情一下就被浇灭了。最后我决定放松一下，抛开珠穆朗玛峰的一切，去半月湾艺术与南瓜节①度了一个

---

① 半月湾（Half Moon Bay）是北加州海边的小镇，因为盛产南瓜而蜚声四方。从 1971 年开始，半月湾每年 10 月份都会举办为期两天的南瓜艺术节。

下午的假。就在那里，我偶然发现了福特的一辆概念车——喜马拉雅探险队！看到概念车的那个瞬间，我脑中突然冒出了一个想法：我可以找福特公司赞助我们的探险！

我在杜克大学攻读 MBA 时，班级很小，大约只有 300 人，所以我知道大多数同学都在哪里工作（这是一件好事，因为当时还没有领英）。我联系了在福特工作的同学凯文·罗普（Kevin Ropp），他当时在南加州的水星部门工作，即使他不在密歇根州迪尔伯恩，他还是成功地帮助我将想法传递给了公司内部对应的负责人。剩下的就水到渠成了。

问：从华尔街到七国峰会，你的人际网络非常庞大且涉及多种不同的领域，你是如何与他们保持联系的呢？

艾莉森：我现在不太打电话了，只发电子邮件。无论是凌晨 2 点，还是在飞机上，都可以发送电子邮件，这非常高效。每个人都说，"我只占用你 10 分钟的时间"，但事实上，每个月我只有几天时间在家，我非常希望这短暂的时光能与家人共度，能完全属于我自己。如果我答应给每个人 10 分钟，那么一整天就过去了。电子邮件帮我实现了随时随地通信的愿望。我的朋友分布在世界各地不同的时区，而电子邮件是保持联系最简单的方式。

问：对于其他想要利用人脉来解决商业需求的人来说，你还有什么建议吗？

艾莉森：请别人帮忙之前，一定要提前做足功课，挖掘他们在意的事情。如果你不愿意花时间去搜索对方的信息，那么对方不愿意浪费时间帮你也情有可原吧。

以小见大

在当下快节奏的生活中，其实我们每天都可以一点一滴地打造自己的社交圈，只需要认真想一想我们打交道的是什么人，然后结合对口的策略就行了。

工作日早上花 2 分钟左右的时间在领英上发布状态更新，或许这会为你带来一单销售的机会；走楼梯或乘坐公共交通工具也许会增加通勤的时间，但也能获得宝贵的互动机会。

有时往往就是不想花时间抓住眼前的社交机会，结果就给建立社交圈带来了障碍。

社交小挑战：和某个同事一起喝杯咖啡，或者在开放的办公区选一个你不常坐的位置，看看会有什么改变。

敞开心扉

上文，我们读了乔·斯泰勒和杰西卡·佩尔茨 – 扎图洛夫的故事。让我觉得有趣的是，他们为了获得职业机会所付出的努力和 85 Broads 的创始人珍妮特·汉森（Janet Hanson）30 年前在高盛①的求职经历惊人地相似。

珍妮特在高盛的职业生涯可以说是有趣且不同寻常：她曾 4 次进出高盛，没错，是 4 次！也正是由于这段经历，珍妮特创办了 85 Broads。但是，我们暂且把 85 Broads 放在一边。珍妮特能够 4 次进出同一家公司，并且每

---

① 高盛集团（Goldman Sachs），国际领先的投资银行和证券公司，向全球提供广泛的投资、咨询和金融服务，拥有多个行业的客户，包括私营公司、金融企业、政府机构以及个人。

次都以不同的职位回归，这值得我们好好探究一番。

珍妮特在哥伦比亚商学院就读时首次进入高盛。那个学期，她的研究课程为她提供了与高盛接触的机会，她有大约 4 个月的时间与这家投行保持着联系（当时该公司只占据了 5 层楼）。珍妮特专门花时间研究了公司的不同部门，在这个过程中，她发现了自己对债券市场的兴趣。但她了解到，要想在交易部门获得职位，她必须掌握交易相关的语言。由此，珍妮特开始认真学习，努力成为该领域的专家。另外，她还发现交易部门会定期举办培训讲座与相关会议，她便主动申请参加。

在高盛的实习经历，并不一定能够成为进入该公司的垫脚石。也就是说，你依旧要面临公司 10~12 次的面试考核。然而，人脉改变了珍妮特的未来。由于了解公司业务，并且与面试者有着很多的共同语言，珍妮特迅速与决策者建立了联系，并在实习结束后，顺利地在交易部门谋到了一个职位。

在整个职业生涯中，珍妮特越来越意识到被聪明、有能力的人围绕的重要性。重塑事业并非一帆风顺，但珍妮特强调，适时地放下自尊，尝试新事物是成功的关键。

人人都是专家

在第 1 章中，我曾提过当代社会的四大特点：

- ◎ 每个人都是专家。
- ◎ 大学文凭不那么值钱了。
- ◎ 人人都可以创业。

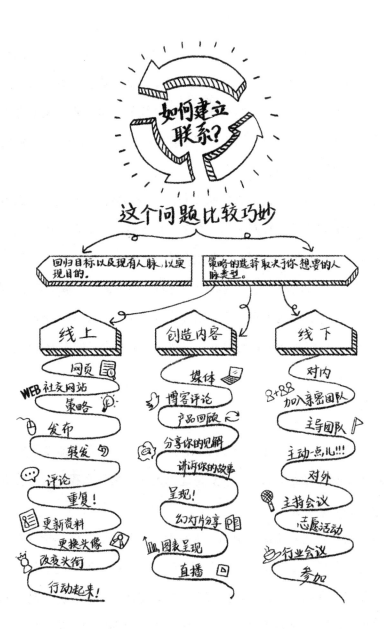

如何建立联系?

这个问题比较巧妙

回归目标以及现有人脉，以实现目的。

策略的选择取决于你想要的人脉类型。

线上
- 网页
- WEB 社交网站
- 策略
- 发布
- 转发
- 评论
- 重复！
- 更新资料
- 更换头像
- 改变头衔
- 行动起来！

创造内容
- 媒体
- 博客评论
- 产品回顾
- 分享你的见解
- 讲述你的故事
- 呈现！
- 幻灯片分享
- 图表呈现
- 直播

线下
- 对内
- 加入亲密团队
- 主导团队
- 主动一点儿！！！
- 对外
- 主持会议
- 志愿活动
- 行业会议
- 参加

◎ 精英体制过时了。

我们可以左右自己的职业生涯，并且给自己冠上任何头衔，甚至写到名片上都行。一旦明确自己想要实现的目标，就意味着还有巨大的上升空间。正如我上文提到的，当你在犹豫是该寻找下一份工作还是坚守现在岗位的时候，你知道什么或你认识谁都不重要了，让合适的人了解你的实力与状态才是关键。

你有什么与众不同的地方？就我而言，我的特点就是能够看到想法、人和机会之间的联系，我能够将一个个零散的社交网络中的点连成片。但即便如此，我也直到 2013 年才看到了更大的机会。当时有些自称是社交专家的人开始将我的想法用于他们的项目和演讲中，这件事给我敲了警钟，我开始意识到保护自己专业知识的重要性。因此，在博客、座谈会、个人简历以及其他任何我能想到的地方，我都一再申明自己的专业知识！

3P 原则

是什么使社交具有这么大的影响力？人！人！人！即使是数字化社交程度最高的人也完全认可这一点，这也说明了为什么我把策略作为社交流程的最后一个要素。

策略旨在强化社交流程中的人为因素。简单来说，就是指你是选择打电话、寄送卡片，还是发送生日祝福短信。以上哪一种才是最佳选择呢？相信你不得不承认，在你的社交圈中，总有那么一个人你会忽略其邮件、屏蔽其消息，甚至取关其脸书，因为你根本不明白他想要表达什么。或许是他确实不善于社交，或许是他过于关注平台而忽略了他们沟通的对象以及要联络的目的。

我的建议很简单：设计社交策略时，核心是人，而不是平台！但是，在你想清楚自己需要哪些联系或希望加强哪些联系之前，不要急于加入社群或花费大量时间研究发帖和更新。你所选择的策略必须能够最有效地帮助你联系到你想联系的那个人。

换句话说，在确定自己想要与哪些人建立联系之前，不要盲目地采取社交行动，你所选择的策略应该是帮助你达成目标的最佳方法。

社交无终点

在职业生涯的任何阶段，新的机遇都意味着新的人脉，单靠现有的人脉肯定是远远不够的。2011 年，我拜访了很多投资人以及企业家，与他们共同探讨女性创业的话题。许多公司都因为我个人的口碑，对我敞开了大门，最重要的是，我的朋友为我提前牵好了线。我在 2011 年所做的就是重复我 2002 年换工作时的社交流程，只不过这次有了领英和推特等社交平台的帮助。

而在准备写这本书时，我又要从头再来一遍。

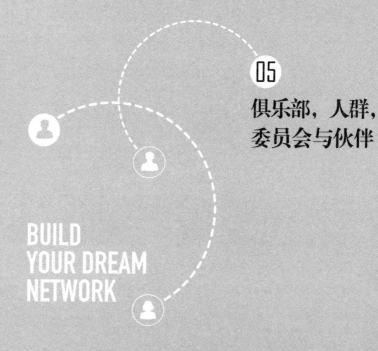

05

俱乐部，人群，
委员会与伙伴

BUILD
YOUR DREAM
NETWORK

倘若你没有加入某个私人俱乐部的团体，你的事业可能很难有转折点。加入某个委员会、俱乐部或策划组织能够快速增加你与别人的联系，大概可以赶上星巴克分店的开设速度。

经过好友的劝说，我在 2009 年年初加入了 85 Broads（现在称为 Ellevate）。我的这位朋友是这个组织的长期会员，同时也是高盛的前雇员，而 85 Broads 成立的灵感正是源自高盛。坦白说，当时我并没有意识到成为 85 Broads 会员的价值，我狭隘且自负地认为自己已经拥有足够的社交选择了。当时我加入了若干个工作委员会、相关行业协会，并且已经是纽约市非盈利委员会的副主席。

我的社交渠道还不够吗？我还需要其他什么选择呢？

接下来我要谈谈我是如何与 85 Broads 结缘的。其实我和 85 Broads 的缘分是从一次早餐会开始的。那是我第一次参加早餐会，因为我的朋友玛拉（Marla）苦口婆心劝了我很多年，最终我被她说服了。完成在线资料填写后，我报名参加了该组织纽约分会在市中心餐厅举办的早餐会。我已经忘记当时的演讲者是谁了，但我清晰地记得，那天我带着自己的名片，在约定时间内准时（实际上提早了！）出现。同桌的都是陌生人，我完全不知道接下来会发生什么。而且，我说过，我并不喜欢面对一屋子的陌生人。

很快我就后悔了，后悔没早一点来参加早餐会。席间，大家畅快地交谈，互相介绍，并交换了联系方式。演讲者也很让人惊喜，因此我立即把参加下一次早餐会加入了我的行程表。在离开现场之前，我向活动的组织者以及 85 Broads 的工作人员介绍了我自己，并且表达了愿意协助日后活动的意愿。

House of Genius 的创办者以及首席战略官乔纳森·贝林森是这样解释自己的决定的，"如果没有'就是它了！'的这种感觉，那就是不行。要相信自己的直觉"。

而 85 Broads 对我来说，就是那个"就是它了！"的组织。

志愿活动

大多数社群都是采取自愿加入原则的，一切完全取决于你是否认可参与背后带来的价值。第一次参加 85 Broads 活动时，我完全没有任何想法。我只知道这个组织在业内口碑很好，这对于我参加早餐会来说理由就足够充分了。至于后来，我之所以会继续参加活动，并且自愿支付每年的会员费用，完全是因为我认可在活动中收到的价值。

既然是自愿参与，那么就该全身心地投入团队建设，当然也可以在任何时候自愿退出。记住，社群存在的意义就是通过团队的努力增进人与人之间的交流。

由于社群种类丰富繁多，脱离某个团队、加入新团队的情况时有发生，而这些变化会增加组织者工作的难度，如何持续保障活动的参与率、成员之间的互动以及团队黏性，是活动组织者需要思考的问题。即使加入了某个俱乐部，参与活动的方式也是自主选择的。我在 85 Broads 的经历与其他大多数成员有所不同，我主动选择了承担更多的工作。在成为主席之前，我就为该组织付出了很多时间，我常常和珍妮特·汉森及其员工待在一起探讨如何为组织贡献自己的力量。我的付出远远超过了普通会员的范畴，相应的，我从中获得的也比任何人都多。我所做的并不仅仅是简单地查收会员邮件以及参与活动，我更多的是跳出会员的思维定式，仔细观察，不断提问，不断学习。

加入行为是自愿的，选择参与的方式也是自愿的。无论是在社交平台还是社交场所，你都需要做相应的选择。

平台与目的

追溯到 20 世纪 90 年代的华尔街，与前雇员保持良好的联系并不流行。这个现象主要归咎于当时普遍存在的企业文化——希望员工能终身为企业服务。无论是什么原因，企业"校友"计划都不常见。

珍妮特·汉森从中看到了机会。1997 年，她推出了 85 Broads。起步很简单，邀请曾在纽约高盛总部工作过的女性员工一起吃晚餐，帮助大家重新建立联系以及一起回忆过去那段时光。那确实是个美好的夜晚，但珍妮特知道，单靠一顿晚餐，"校友"计划并不能真正发光发热，更无法体现出其背后更大的意义。

之后，出现了互联网。

在初次聚餐之后，珍妮特用互联网改变了一切。全球在线平台的出现打破了地理界限，即使不在纽约的"校友"也可以来"参加"聚会。这样，社交聚会催生出了强大的商业社交圈。

85 Broads 为什么会具有如此强大的力量呢？这主要归功于一位极其有远见的创始人，她是世界上第一批为会员创建在线社交平台的人。另外，下列这些因素也不可或缺：

◎ 会员积极活跃，有明确的目标，将自己视作团队的一部分，因此所有活动的参与度都极高。

◎ 会员积极地将自己的专业知识以及新的人际关系引入团队，以造福其他成员。

◎ 会员具有相同的价值观，并且大多属于同一领域，彼此互相尊重对方的劳动成果，由此也建立了高度的互信。

85 Broads 作为社交平台，它的根本意义在于：为其会员解决问题，无论是筹集资金，还是晋升指导。但若想寻求与前华尔街高管建立交情或是获得交流的机会，85 Broads 并不是万能的。

专家建议：保持热情

当双方的目的或兴趣相同时，往往更容易打破初次见面的尴尬。对于小说家艾登·唐纳利·罗利（Aidan Donnelley Rowley）来说，她对书籍的热爱不仅仅源于写作，还有与他人一起阅读时带来的巨大快乐。艾登的第

一本书 *Life After Yes* 畅销时，她发起了一个现代文学沙龙活动——Happier Hours。举办第一次活动时，艾登的公寓里挤满了热情的读者，大家都很高兴自己找到了志同道合的朋友。Happier Hours 活动的发起也是源于艾登对书籍的热爱，而不只是给书打广告。

社交小贴士：组织社群活动时，多关注主题与过程，而不要只向着一个结果横冲直撞。

问：Happier Hours 是从什么时候开始的？都有谁参加了？

艾登：Happier Hours 是 2009 年 3 月推出的，参与者是来自各行各业的职业女性。她们的共同点是热爱书籍，因此更愿意通过书籍与他人交往。

问：你为什么会想到 Happier Hours 这个活动呢，是有什么故事背景吗？

艾登：最初推出 Happier Hours 活动时，我正在期待着我的第一部小说的出版，当时我就想通过一些活动和纽约市区的其他作家以及读者进行交流。此外，我非常怀念大学时代，那会儿大家常常会针对某本书籍或某些思想进行深刻而又有启发的讨论，但在我做了妈妈之后，这样的机会几乎没有了。自成立以来，Happier Hours 的发展已经远远超出了我的预期。现在，这一活动吸引了许多有趣的灵魂，在这个日益数字化的世界，大家面对面地讨论书籍和一些有意义的主题，共同度过一个个美妙的夜晚，这非常难得。

问：Happier Hours 社群的成员主要是哪些呢？这个现代文学沙龙的参与者有什么典型的特征吗？

艾登：我之所以热爱这个活动，是因为这个沙龙活动的参与者没有什么"典型"的特征。当然，参与沙龙的很多是出版社的人，也有作家、编剧以及公关人员，但更多的是形形色色的"奇怪"的参与者，例如我女儿同学的家长、百老汇戏剧的制作人、新闻主播，甚至还有银行巨头。谁该来，谁又会来，这一切都没有固定的规则，这才使得这些夜晚独特而又充满魅力。

问：Happier Hours 现在主要在纽约和洛杉矶举办活动，是否有计划将其扩展到西海岸呢？

艾登：暂时没有正式的计划，Happier Hours 的扩张其实也是偶然的。有一次，我的作家朋友克莱尔·毕德韦尔·史密斯（Claire Bidwell Smith）来纽约，我为她的回忆录 *The Rules of Inheritance* 举办了一次读书会。结束后，她对这次活动赞不绝口，并且希望在洛杉矶也能够有类似这样的活动。就是那次活动埋下的种子，最近克莱尔、吉莉安·劳伦（Jillian Lauren）以及珍妮·费尔顿（Jenny Feldon）就在洛杉矶开始了 Happier Hours 的沙龙活动。

问：Happier Hours 现在有了自己的网站，为什么你认为这符合社群的下一步发展呢？

艾登：其实我个人一直在犹豫是否要建立这个网站，毕竟这些活动一直是比较私人、比较小众的，但随着规模的不断扩大，我们需要一个记录所有活动信息的地方。

问：对于其他同样想借助共同兴趣打造社群的人来说，你有什么建议吗？

艾登：我建议从自己的好奇心和热情开始。虽然我的目标是与作家和图书爱好者见面，但我举办 Happier Hours 的初衷是为了满足自己对书籍深入讨论的需求。简单来说，我就是想举办一个我自己想参加的活动。显然，当我发现其他人也有同样的需求时，我很兴奋，也很高兴能够以这种方式积累知识。但这个想法一开始完全是出于个人兴趣，没有任何其他目的。

问：慷慨是社交中的重要因素，那么你是如何将其应用到 Happier Hours 社群的呢？

艾登：慷慨决定一切。我喜欢分享我喜爱的作家和书籍。对我而言，这是一件非常有意义的事情，而我这么做已经很多年了，我也因此获得了许多快乐。最终我收获了一个美妙的结果 —— 一个富有思想、善良且聪明的女性社群。

专家建议：为当下社交

瓦莱丽·克罗斯和我的第一次接触是通过电子邮件完成的。我记得当时我收到了一个"你们两个应该互相认识"的推送通知，这种推送常常让我抓狂，但这一次，是个罕见的例外。

瓦莱丽的职业道路和我非常相似，法学院毕业，在公司努力晋升，然后在快成功时转行了。我们也都认识到，扩大新的人际网络对于职业发展的重要性。因为法律界的人脉资源对于推动我们法律事业的进步确实至关重要，但当我们的事业重心转向新的专业领域时，曾经的人脉就没有多大作用了。

加入全球社交集团 85 Broads（一开始作为会员，随后成为第一任主席）改变了我的职业发展轨迹。而对于瓦莱丽来说，她意识到自己需要的是以创业为中心的社群，因此后来她就按照这个目标找到了合适的组织。

问：你当时为什么要加入策划小组？

瓦莱丽：当时我的朋友圈大都是金融、法律行业的从业人员，他们绝大多数都对当前的工作不太满意，但又不愿意做出改变。当我决定要改变自己的职业走向时，我意识到自己需要去接触不同行业的人，并且要找那些对自己的职业有激情的人。另外，如果没有朋友的支持，要改变专业方向是非常困难的，尤其在迷茫的时候。因此，我必须要找到一个新的圈子，里面的人都面临着与我类似的挑战。我是个疯狂的信息收集者，但当我面对创业、品牌重塑、在线业务等大量陌生领域的信息时，我还是有点不知所措。但很快我就意识到，借鉴前人的经历，可以节约很多时间！

问：你之前参加过其他团体吗？

瓦莱丽：我在普华永道工作了整整 11 年，我的圈子范围非常小，基本都集中在专业领域。我的社交圈也就仅限于企业集团、专业组织以及普华永道女性领导力联盟。

问：你觉得哪些信息或支持是你现有人脉无法提供，而只能从特定的人脉中获取的？

瓦莱丽：最重要的肯定是团队成员的多样性，这样交流才会丰富、有趣。我能够从许多不同的角度看到"自我"以及自己的想法。我的策划组成员都有着不同的背景，并且都是有理想、有抱负的女性企业家。与朋友和家人的支持相比，团队成员对我的想法及项目的坦诚反馈是非常难的，也是非常鼓舞人心的。不要误会，我当然也需要正面的支持，但除了支持与鼓励，我还需要坦诚的反馈，以便及时调整创业方向。

问：你是如何筛选以及最终确定自己想要加入这个团体的？

瓦莱丽：当时我参加了由企业家娜塔丽·卢西尔（Nathalie Lussier）在纽约举办的一场活动，午餐后碰巧遇到了一群事业女性正在申请加入娜塔丽的智多星小组。我记得很清楚，当时我就想：如果她们都要加入这个小组，那我也想成为其中的一员。跟着那群成功女性，我很快就做出了决定。但我也很清楚，这将是一项长远的投资，而当时我并不知道这个新的团体会对我现在有这么大的帮助。

问：是什么让你始终待在这个小组的？

瓦莱丽：我喜欢和有创意的人接触、交流。和一群常常有奇思妙想、总是为自己或他人提出解决方案的人在一起，我觉得自己充满了斗志与活力。待在这个小组，让我逼迫自己跳出舒适区，学习新的事物。

3R(参考 references、介绍 referrals、推荐 recommendations) 变 2C（协作 collaboration、众包 crowdsourcing）

天才之家（House of Genius）的乔纳森·贝林森认为，两个因素共同创造了社群：一是协同解决问题，二是努力实现共同目标。在他看来，除此之外其他任何东西都是暂时性的或只是为了满足交易需求。

单纯请求他人帮忙搭桥，对于某些人来说（或许包括乔纳森）可能已经过时了。这种社交方法不是完全无效，但在今天绝对不够高效。

环顾一下四周，随着共享文化的发展，各种各样的社交工具伴随着数字一代日益茁壮，新一代人在领英出现前根本不知道怎么求职。对于他们来说，他们可以第一时间从云端或社群获取信息，他们不再给单个笔友写信，而是采取一对多的模式进行社交活动。我的朋友安德鲁·吉尔（Andrew Grill，IBM 社会咨询全球管理合作伙伴）总喜欢说，这是共享经济时代，大家分享自己所知道的一切，也渴望得到他人的分享。

正是这种对分享和合作的渴望，增加了人们对社交工具的需求。因此，顺应这个时代的需求，新的社交核心变为协作与分享。

魔法开始的地方

很难想象 1999 年，蒂娜·罗斯·艾森伯格（Tina Roth Eisenberg）搬到纽约时，竟然一个人都不认识。

蒂娜是一位瑞士平面设计师，但她对商业一直非常感兴趣。她创办了知名设计博客 Swissmiss；开发了简单、易操作的应用程序 TeuxDeux；还推出了 Tattly，招募了一批才华横溢的设计师设计半永久纹身；此外，她还建立了社群 CreativeMornings，旨在将创意人士聚集起来，现在这个社群已遍布全球。

蒂娜还创建了两个共享空间，2008 年的 Studiomates 以及 2015 年的 Friends。在城市社区创建共享空间是相对比较新的生态，但蒂娜 2008 年创建工作空间的初衷并不是为了满足她自己或其他人的工作需要。只要她愿意，她很容易就能找到"落脚"的地方（刚成为自由职业者时，她在下东区一家软件开发公司办公，后来搬去了一家建筑公司办公）；相反，这一切都源于她对合作的渴望，而这种合作只有创建社群才能够实现。

蒂娜很快就意识到（尤其在中规中矩的公司和一群循规蹈矩的人一起工作过后），社群的真正魅力并非每个人的单独工作区域。

对于蒂娜来说，午餐时的一次闲谈促成了一个应用程序的诞生——TeuxDeux。当时，她在餐桌上提到了各种任务管理应用程序的优缺点，在座的一位程序员就说："只要你设计出来，我就能帮你把应用做出来。"

后来，她确实做到了。

午餐闲谈的关键并不是要找到能够开发应用程序的人，其根本目的是获得社群的支持。有趣的是，蒂娜从未考虑过设计和构建自己的应用程序，但通过社群，她展现了自己这一方面的能力。而蒂娜现在所有的业务也都是通过这个途径实现的，而她相信她未来的公司也会如此。

选择社群时，蒂娜建议：

- ◎ 选择与自己价值观和目标相同的人。
- ◎ 建立社群时要考虑周到，选择能帮助彼此拓宽视野的人。
- ◎ 设立餐桌闲聊文化，开展一些有趣且引人入胜的对话。

声誉与曝光度

你有没有问过自己，和 X 联系或关注 Y 或加入 Z 俱乐部的根本目标是什么？我觉得分析的结果只有两种，要么你已经完全偏离了正轨，要么机会就在你的眼前。

你需要做的是分享你所知道的东西，从而抓住机会。因为在当前这个高度互联的世界中，机会并不会自己凭空出现，而是需要主动出击。

瓦莱丽·克罗斯曾坦言，她之所以能够在普华永道快速晋升为董事，就是因为她在公司内的知名度和曝光率很高。在她工作的 11 年间，她组织了许多活动，提出了各项举措，因此与公司的领导层建立了紧密的联系。在普华永道的投资研讨会上，她引起了公司领导层的关注，得到了在私募股权社区以及纽约最大的私募股权基金研讨会上发言的机会。瓦莱丽从来都不是在等待机会，相反，她始终将自己置于聚光灯之下。

专家建议：增加投入的时间

2006 年，德文·布鲁克斯（Devon Brooks）在其于伦敦时装学院学习的第二年，发掘出了一个全新的市场，并创建了 Blo Blow Dry Bar（无剪染、只有洗吹服务的美发造型沙龙）。2007 年年初，她在温哥华开设了第一家 Blo，而现在 Blo 在全球拥有近 50 家分店，带动了整个行业的发展。2010 年，Blo 被另一家公司收购，德文也退出了日常运营，但她依然活跃于商业领域。

凭借其成功的创业经验，德文开始转向指导其他创业者。依据德文的计划，她的下一个职业目标是知名公司的董事会成员。

证明自己拥有与公司对口的经验，只是获得董事会席位的众多挑战中的第一步。或许最大的挑战是与董事会成员建立联系，从而当有职位空缺时，他们第一个想到的会是你。仅仅拥有相关的经验和满腔的热情并不足以在董事会占有一席之地，你还必须进入男人主宰的高层俱乐部。正如一位知名的女性董事会成员曾经说的，"如果想加入公司董事会，多和 65

岁以上的男人打交道"。

凭借着过人的决心和专注，德文建立了有效的人脉联系，最终实现了自己的职业目标。

问：你是 Futurpreneur Canada 的董事会成员之一，这是一个什么样的组织，而你又为什么选择了这个组织呢？

德文：我的成功主要归结于对机会的筛选以及来自社群的激励。Futurpreneur Canada 是个充满活力的非营利性组织，主要为 18~39 岁有抱负的企业家提供融资、指导和商业资源。加拿大的年轻一代都更倾向于自主创业，但统计数据显示，90% 的初创公司都失败了。针对这个现状，我们能做些什么呢？根据我的个人经验，创业者需要的是卓越的支持和指导，而 Futurpreneur 的目标就是帮助这些创业者取得成功。Futurpreneur 是一个价值高、影响大、诚信至上的组织，它创造了超过 31000 个工作岗位，其商业计划得到了超过 50000 名有志创业者的认可，其中 40% 是女性创业者。从最初的导师，到现在的董事会成员，我在 Futurpreneur 的工作与付出影响巨大。

问：正如你所说的，最初你只是 Futurpreneur Canada 的商业和领导力导师，是什么促使你想要更进一步，成为董事会成员呢？

德文：就我个人发展而言，我所追求的是全新的挑战，这是完全不一样的体验。我 23 岁的时候就已经成了 Futurpreneur 的导师，经过大约 2 年的时间，我确定自己想加入董事会，因此我开始接触更深入的内容，以便更好地理解组织及其需求。积极参与董事会各项活动 2 年后，我相信自己的知识与能力已经足以适应更大的组织平台。与此同时，Futurpreneur 正在经历一场巨大的人事变动——管理层与首席执行官的更替。显然，寻找新人选的任务就落到了董事会身上。2013 年，在新任首席执行官的指导下，组织继续发展并重新命名。当时，我确信自己的能力和经验会受到董事会的重视，同时还能增加董事会组成的多样性，因此我开始积极争取 Futurpreneur 董事会的职位，最终在 2015 年成功加入董事会。

问：加入董事会不是一蹴而就的，也不是想加入就能加入的。那么，明确自己想要获得董事会席位的目标后，你采取了哪些方法和策略？

德文：听过"十年寒窗无人问，一举成名天下知"吗？当然，我的"成名"并不需要 10 年这么长久，但我喜欢的是这句话背后所隐含的坚持与耐心。无论你想要的是什么，都离不开坚持。就我而言，从有想法到最终成为董事会成员，花了 4 年的时间（不包括之前作为导师的 2 年）。

成为企业家后，我目睹了董事会对公司的重要性，他们把握着公司的前景与战略。而成为董事会成员是非常独特的体验，来自各个领域的优秀人才汇集在一起，大家集思广益，提出高水平的指导建议。作为董事会成员，你不仅需要情商、智商以及对组织的深刻理解，更需要对个人岗位与职责的深刻认识。

为了解 Futurpreneur 团队成员以及领导层，我付出了大量的时间。同时，我时刻关注着 Futurpreneur 的发展，以便在组织经历重大变革时贡献自己的一份力量。作为导师，我尽可能地与整个团队一起工作，以便我完全理解组织文化。我的方法看似刻意，但很全面，我希望的是当董事会需要新成员时，我就是他们的首选。

问：据了解，你并不知道董事会提名程序需要多长时间，或者何时会下达任命，那么你是如何确保自己始终成为董事会成员的首选的呢？

德文：服务与关系。不断地主动服务以及为组织成员提供支持，从参与头脑风暴、提供一些可行的建议到介绍团队的议程，这些都是我4年来坚持做的事情。而培养和维持关系需要的是深思熟虑，并不是无意义或过于随意的联系。要学会提出合理的问题，这样才能知道如何最好地利用时机推动关系的发展，让每一次沟通都富有价值。

问：你在网上很活跃，并且经常发表主题演讲。做这些对你进入董事会有什么帮助呢？为此，在社交方面你又是怎么做的呢？

德文：我很清楚自己的目的，因此其他任何与转型无关的东西都被我排除在外了。我只关注自己需要的，其余的都与我无关。

相比之下，社交活动对我来说很轻松。如果你的追求是合理的，那你应该和我有一样的感觉。当你与某个人或某些人交流你所关心的事物时，你会觉得自己找到了对的地方以及对的人。当大家都有相同的目的时，这段关系的建立自然就很容易了。

问：对于其他有类似目标或抱负的人，你还有什么建议吗？

德文：如果你认为自己是整个房间里最聪明的人，那么你就真的是个傻瓜了。

问：慷慨是一个很重要的社交概念，这点在 Futurpreneur 中又是如何体现的呢？

德文：精神上的慷慨通常被定义为付出超过预期。当我决定投资人际关系或新的机会时，我会果断搞清楚最重要的事情，然后我所做的一切都是为之服务的。我认为我的收获就来源于我全部的投入，我希望别人也是这样评价我的。

主动站在机会面前

如果你像德文一样有明确的目标，就应该采取行动去实现它。我们都希望自己的付出能够得到认可，并且获得管理岗位，但一味地等待认可是无法实现目标的。一旦明确了自己的能力和想要实现的目标，就必须掌握主动权，选择目标人群，通过合适的人脉渠道传递信息。

时刻分享（不是自拍）的社交直觉对于频繁变换工作的现代人来说是必需的。更新状态是社交的一种方式，也是展示个人专业知识的方式。内部社交网络的意义更为深远，除了展现个人能力和专业知识，还能从中挖掘团队合作者，这点非常重要。尤其是现在，雇主通常会在内部找能够连接、整合员工的人，因此工作中对社交技能的要求也日益提高。

类似小组讨论或主题演讲等社交活动中，通常会有提问环节，这是个分享知识或表明兴趣的机会。在此环节中，使用麦克风是非常有利的，此时所有与会者，无论是嘉宾还是同伴，都会看着你。记得首先要进行自我介绍，告诉大家你的身份（职位、部门、公司），然后再清晰而准确地陈述你的问题。记住，你说的话一定要简明，要容易被人转述！毕竟在这个字符当道的世界，冗长的句子已成为过去，并不会给人留下什么深刻的印象。

下一步：如何实现想法？

想法并不会自己实现，它需要社群的帮助。没有社群，蒂娜简洁而有设计感的应用程序无法推出；凯瑟琳纪录片的众筹无法成功；乔也不可能掌握专业技能，最终获得令人垂涎的管理工作。

以上这些案例都充分说明，我们要相信社群无限的力量。

记住，社群或组织中的每个人背后都有巨大的潜力，有时恰恰是被忽视的资源引发了合理的联系。采用天才之家的一个说法：每个人的心里都住着一个天才，因此所有的想法都是平等的。

如果想要实现目标，那么就跳过表层假设和下意识的结论吧。

商务关系并非友情

加入天使投资团队完全是我职业生涯中的另一重要时刻。与团队中志同道合的人互相交流之后，我意识到自己有很多事情要做，尤其在投资早期创业公司这一方面。每次和别人聊起这段经历时，他们总觉得我加入这个团队肯定是为了一些社会需求，或者至少因此我才充满热情。但对我来说，团队学习的氛围以及固定的学习计划才是我加入的根本动力。我并不是来寻求深厚友谊的，我只是想和一群我所敬重的女性投资者共同学习，最终达成有效的投资决策，除此之外并没什么其他目的。

不要混淆团队的目标，或是指望有其他什么额外的效应。

一般来说，肯定有那么几次，你可以说服一群人尝试使用不同的方法来解决问题，查塔努加（Chattanooga）的 Jump Fund 就是这样的一个例子。

Jump Fund 的想法源于一顿午餐。餐桌上，有人提出应该有个专注投资女性的基金会，而这个想法吸引了社区中的其他女性，最终有了查塔努加早期的投资基金——240 万美元。该基金会的合伙人成功将社区中传统的投资群体联合起来，共同开展新的使命——通过支持女性创业，创造更多就业机会以及服务社区（而不仅仅依靠慈善事业来改善社区妇女的生活）。所有 Jump Fund 的投资者都是女性，她们有一个共同点——渴望提升女性的商业意识。

基金会的合伙人花了近 1 年的时间与社区中的商业女性见面，而最终招募了 45 名女性作为基金项目的合伙人。

价值与志愿者

Creative Mornings 的灵感来自蒂娜·罗斯·艾森伯格的博客评论。蒂娜在自己的设计博客 Swissmiss 上发布了最近参加的一个会议，当她看到"你真幸运，我的老板就不会让我参加这种活动"以及"我买不起门票"之类的评论时，蒂娜对创意社群的现状感到非常不满——最能够从活动中受益的人却是最不可能去的人。因此，她决定每月举办一次免费的活动，创意社区中的任何人都可以参加。

蒂娜承认，第一次活动有点尴尬，没有重点，只能尬聊。而现在每场 Creative Mornings 的活动都配有一个演讲者，并且每个月都有不同的演讲主题。对蒂娜来说，她把大家聚在了一起，聊聊身边发生的事情，她的使命就完成了，就这么简单，但她认为没有什么比这更有价值了。

Creative Mornings 发展如此迅速不是因为演讲者和主题，也不是因为赞助商，肯定更不是因为一顿免费早餐，那是为什么？答案是价值。Creative Mornings 社区完全建立在慷慨和信任的基础上，没有特定的交易期望，这也是为什么很多人第一次参加活动时会抱有轻微的怀疑态度，好奇这免费早餐的背后到底有什么利益关系。

虽然 Creative Mornings 只雇用了 8 名员工，但在 145 个城市举办过活动，有 1400 多名活动志愿者。蒂娜和 Creative Mornings 的团队每次做决定前，都会优先考虑这些志愿者。正如蒂娜所说的，"我们可不能惹恼实际做事的人"。正是活动团队对社区志愿者的责任感以及这些志愿者对蒂娜及其团队的信任，才使得 Creative Mornings 不断发展壮大。

理想社群

我们常常迷失于对社群的各类描述，却忽略了它是否能够兑现其承诺。

有一次，我受邀参加一场私人交流会，据称与会者有企业高管以及行业创新者。主办方向受邀者承诺，在为期数日的交流会举办期间会有精彩、优质的社交活动。但问题是，到底谁会参加此次活动是个未知数。由于组织者过分依赖线上应用程序来联系相关人员，因此他们的宣传只能靠运气了。我只能说现在的应用程序方便了会议组织者，却没有改善与会者的体验。

我就直说吧，任何一个人都不可能随意把自己的照片与个人联系信息放到人人都可以下载的应用程序上。因此，很多人开始质疑该活动的真正价值以及主办方所承诺的重要嘉宾是否真的会出席。

过度依赖技术往往会让人忽视人类社交的本能。在这个案例中，主办方忽略了特定群体的社交形态和社交需求。这个活动的参与者寻求的是可靠、可控的社交方式，这种可靠感只能在私人场合经熟人介绍并开展面对面的交流才能得到满足。

结果呢？大家对该活动的信任度迅速下降，甚至对其社区的力量产生了质疑。我不确定活动组织者是否不信任其成员，还是单纯地想要自上而下掌控最有价值的联系人信息，无论是哪种解释，很不幸，他们很不明智地给人留下了不好的印象，并且未来也难以纠正。

将一群人聚集在一起本身就是一件难事，而为这群人提供有价值且有用的体验更是难上加难！大多数人都小瞧了这其中的困难，他们试图寻求更轻松的捷径，然而，建立人际联系从来就不容易。

若想建立深厚的社群联系，就需要持续关注其成员的社交需求。从一开始就做好准备，因为社群驱动力（如企业文化）很难轻易改变。

那么，真正的理想社群是什么样的呢？我认为，名人、独家渠道都不是必需的，真正的理想社群应该是这样的：

- ◎ 始终如一地向其成员履行承诺的社群。
- ◎ 规模和成员能够帮助参与者实现目标的社群。
- ◎ 以慷慨为核心价值且能够扩大既有优势的社群。

草根的力量

决定建立社群之前，要先明确若想取得成功，需要付出哪些努力，我指的是组织者和参与者双方共同的努力。无论是成为社群的一部分，还是创建社群，都没那么简单，需要团队与个人力量的结合。

85 Broads 能够取得成功，是因为其成员的积极性很强。Creative Mornings 坚持不懈地维护其志愿者和当地组织者的信任，社区的成功取决于他们源源不断的付出。

天才之家建立的前提，是人们想要有规则、有体系的社交联系。天才之家的成员之间最初是匿名交流的，并且天才之家有自己的社交原则——放下身份，将名片抛诸脑后，用谦卑的态度参与讨论，不允许大肆发表评论或争取主导权。这套原则确保了观点的新鲜度以及交流的公平性。但是要注意，要想创造所有人互相理解并认可对方才能的氛围，需要大家的共同努力。而天才之家的规则并不一定适合所有人。

在加入社群之前，考虑清楚自己是否愿意为之付出努力。

开始，孵化，加速

IBM 千禧兵团(Millennial Corps)的成立源于与苹果(Apple)公司的合作，主要是为了满足创建 100 个企业应用程序的需求。由于千禧一代是使用应用程序的主力军，并且是第一代不需要使用说明书或在线客服就能自主摸索智能机的用户，IBM 决定从他们那里获取程序开发时的反馈意见。

应用程序项目总共有数千名参与者，他们都乐于成为大型企业内部社群的一分子。由于人数庞大，社区基本是自主运营的，成员常常在线上探讨和工作相关的想法。现在，千禧兵团由来自 61 个国家的 4000 名成员组成，并已发展成为 IBM 的内部社交网络。

组织者认识到，几年内千禧一代将成为企业的中流砥柱，他们将主导决策，并培训下一代员工。因此，促进千禧一代的合作与交流对他们日后作为领导者的专业提升以及商业的长远发展至关重要。

因此，现在就必须建立相应的社交圈与人脉关系了（我知道我唠叨，这一点已经重复说过很多遍了）。很多人会纠结跟谁建立关系或是应该关注什么。其实无须犹豫不决，试着根据业务需求或是社区项目，将一些同事或者志同道合的人聚集在一起，然后再制定相关的规则，并计划一次活动。

技术的发展或许确实带来了日新月异的变革，但在商业领域真正需要的创新是合作、沟通与创造力。也就是人！而工作中所建立起来的联系很可能成为你最重要的人脉资源。

还是不相信工作中人脉积累的重要性？

◎ 如果你正在努力找工作，那么你应该关注自己的社交技巧以及与他人合作的能力！自 1980 年以来，社交型岗位的增长率始终是最高的。这种经济类型的转变正是对处于公司各层级社交能力强的人的鼓励。

◎ 社交关系或许已成为新的双重底线。根据盖洛普的研究显示，工作中拥有亲密朋友以及同事间积极互动可以大大增加组织的稳固性，因为所有建立的联系都能够巩固员工对组织、品牌和公司目标的认可。并且，最终的实践数据也表明，工作中的社交对员工和组织来说都是有好处的！

◎ 社交技能在工作中日益增长的重要性与技术的颠覆性直接相关，技术的发展使得公司组织的运作更加灵活，工作轮换以及多任务处理模式更加普遍。

专家建议：成功不仅与好点子有关，更在于人脉投资

10 年来，风险投资公司 First Round 在创业社区声名鹊起，这不仅是因为它投资了超过 300 家新兴创新科技公司（它是优步的首批投资者之一），

而且其人脉资源的力量更是不容小觑。该公司人脉的积累主要得益于其在社区所投入的大量时间与心思，而这笔投资正在取得回报。该公司由 6 家投资分公司合伙经营。通过加强这 6 家分公司创始人之间的联系，总公司正在以难以置信的速度迅速扩张。随着规模的不断扩大，First Round 可以在创业的每个关键阶段都提供必要的指导。他们倡导慷慨精神，社区成员间互为导师、顾问和朋友，彼此间形成了长久的纽带。

First Round 一方面是一家风险投资公司，另一方面又是一个集合了众多初创公司的社区。为了了解它成功的原因，我找到了在旧金山互联网创新中心工作的朋友罗布·海因斯（Rob Hayes）。罗布于 2006 年加入 First Round，并协助开设了该公司的旧金山办事处，还负责了 First Round 对优步、Mint[①] 和 Square[②] 等的投资。作为长期投资者，罗布对共享经济公司非常感兴趣，并且坚信灵感无处不在。

问：First Round 拥有一个由创业公司 CEO 和 CMO 组成的点对点社区，这是非常令人羡慕的。自公司成立以来，该社区的建设也一直是 First Round 运营结构的基础。为什么要这么做呢？

罗布：回顾传统的风险投资模型，其核心基本都是围绕合伙人的。所有拿到投资的公司都通过合伙人与我们公司联系在一起，每当他们需要建议或资源时，他们必须通过我们公司的合伙人来获取所需的信息或引荐。这种方式的效率是非常低的，更何况我们是一家拥有超过 300 项投资的风

---

① 美国的一站式理财平台，用户在该网站关联自己名下的银行卡或信用卡后，可以实现消费统计、还款提醒、在线支付、贷款申请等一系列功能。
② 美国的一家移动支付公司，类似国内的支付宝。

投公司，因此我们需要一个更高效的系统，充分利用现有资源，更好地为创业公司服务。

我们的解决方案是为 First Round 投资的公司提供工具、软件或活动，以便他们直接与社区中的其他公司建立联系。这些人是在创业最前线奋斗的人，他们拥有最新的知识与经验，可以与同行进行分享。反过来，这也加强了我们的服务能力，我们提供了高质量且有针对性的帮助。既然我们的宗旨就是建立和服务最强大的企业家社区，那么这个模式对我们而言至关重要。

问：First Round 的合伙人具体是如何与创业公司合作的，或者是如何参与到融资的各个环节的？

罗布：我们完全以企业家为中心，会尽一切努力帮助他们的公司取得成功，尤其在他们创业的头 18 个月里。这也是我们最擅长的部分，在关键阶段给予创始人帮助，因为在这些阶段他们所做出的每一个决定都会极大地影响整个公司的发展轨迹。First Round 的合伙人通常会在此期间坐镇初创公司的董事会，以提供指导和支持。我们始终乐于认识不同的创业者，并且帮助他们解决具体问题。我们做的最特别的事，就是无论公司如何发展，我们所提供的支持始终在线。

问：你们的社区建设几乎与线上社交的进化同步，社交媒体和社区平台对社区的发展影响也不小，对此你有什么启发和收获吗？

罗布：First Round 所做的一切，都希望能够为用户提供独特的价值。因此，我们试图避开传统的风投模式，寻求创业公司和企业家共同受益的方法。我们想到了两种模式，First Round 评论以及 First Round 社交平台。

2013 年夏天，我们刚推出 First Round 评论时，内容营销才刚刚开始，并不像今天这样普及，而当时我们只是看到了在尽可能多的优秀创业者以及潜在企业家面前曝光的重要性。因此，我们邀请了众多技术领导者参与访谈，与公众分享他们的创业经验。这个项目彻底改变了我们在社交渠道（尤其是在推特和领英）的曝光度，并为 First Round 品牌增添了全新的内涵。

而 First Round 社交平台则是我们自制的，功能类似于 Quora①。在这个平台上，人们可以自由提问以及回答问题，同时该平台也为我们公司提供了一系列指导，帮助我们解决棘手的问题。我们还举办过线上问答直播。在这个项目上，我们也很有先见之明，因为后来像 Product Hunt、Growth Hackers 等其他平台都如雨后春笋般涌现出来，它们都旨在促进创业公司间的交流，而我们早已遥遥领先。

问：为了建立更便捷的投资联系，你们还做了哪些努力呢？

罗布：我们还做了一些其他项目。例如，First Round 专家网是一个相对较新的专家数据库，拥有超过 250 位著名的专业人士，他们来自人力资源、设计、产品、工程、管理等多个领域。他们所有人都非常愿意并且渴望分享他们的知识与经验，帮助初创公司那些经验不足的创始人及其员工。这个平台满足了大家寻求帮助的需求，同时打破了传统的创业咨询模式（大家很少能真正理解顾问的价值）。通过这个专家网，First Round 投资的创业公司可以获得资深专家的帮助，并且能够在预计时间内解决特定的问题。

---

① 美国的一家问答类社交平台，与国内的知乎相似。

第二个项目是知识计划（Knowledge Program），其重点是促进社区成员的线下联系。仅 1 年，First Round 就举办了 80 多场活动，基本上是隔几天就举办一场，为许多同业提供了有意义的交流和分享的平台。这些活动大多数采用沙龙的形式，一般是 14~20 个相同工作领域的人聚集在一起，有秩序地开展小型讨论会，而我们则几乎召集了整个行业中最优秀的人才来参加沙龙。

问：First Round 是如何管理这社交网络的呢？你们借助了哪些应用程序、平台或其他线上线下机制呢？又是如何取舍的？重点关注哪些数据？

罗布：我们的社交模式非常注重高质量的人际关系。前面提到过的我们自己的平台 First Round，许多公司员工也都会通过该平台交流信息、获取建议。我们在其他大型社交媒体也非常活跃，目前在推特上拥有超过 13 万名粉丝。另外我们也有定期的活动规划，给不同的人群创造面对面交流的机会。

同时，我们还经常关注社区内不同成员联系的频率。我们希望确保自己是在不断地付出，而非索取。因此，我们会使用 Datahug 这样的工具来记录每次的联络，以确保社区的和谐发展，并在时机成熟时做出合理的点对点介绍。

问：我的一位好友曾经跟我说过，"无法进行线下交流的人脉都是不完整且没有意义的"。那么，First Round 是如何与其投资的公司进行线下联系的呢？

罗布：我们线下最重要的联系是通过"知识计划"达成的。我们会组织晚宴、峰会及其他活动，将数百名技术领头人与公司员工聚集在一起，并引导他们展开谈话与讨论。对我们来说，关键在于我们不是传统社交酒会的主办者，我们不会让参与者漫无目的地交谈，我们希望我们所做的一切都能为参与者增加价值，也就是真正理解他们的需求以及想办法通过最好的方式满足他们的需求。

问：社区发展过程中有什么令你感到惊讶的事情吗？

罗布：社区成员愿意花时间分享自己的智慧，这点始终让我感到惊讶。他们平时非常忙碌，几乎一直是超负荷工作。在这种前提下，他们还能如此慷慨地帮助其他企业家克服挑战或解决问题，这点是非常难得的。这也侧面说明了当下的信息匹配与知识分享变得更容易、更轻松了，而我们项目的宗旨就是让知识分享更便捷。

问：何时该积极管理社区、何时又该放手，你有什么建议吗？如何判断你是否在为社区提供价值呢？

罗布：管理者的工作是为高价值互动搭建合理的框架，这就是我们开展活动以及建立 First Round 社交平台的初衷。我们希望构建一套架构、工具和基本规则，让大家能够与资深专家开展有意义的对话。这也是我们能够发展得如此强大的原因之一，我们专注于为创业者争取与对口领域资深专家沟通和交流的机会。

问：很多风险投资人也曾试图建立 P2P 的社交网络，但收效甚微。对于自上而下的社区模式的失败，你有什么看法呢？

罗布：社交网络的搭建需要时间和资源。为了创建这个 P2P 社交网络，我们确实付出了很多，包括前期不断地实践，大胆冒险，而且并不期望立即得到回报。First Round 评论就是这样一个实验品。我们写好文章，然后剩下的就是等待，等待用户的参与。这些文章的背后汇集了诸多资源，一点一滴最终使其成为今天的模样。在 First Round 社交平台项目中，我们最初是用一个雅虎群组来联系各个公司的创始人的。这个群组的功能十分宽泛，因此我们不断地在原有的基础上进行优化，最终推出了 First Round 社交平台。不论是以上两个案例还是其他，我们都进行了一次又一次的测试，尝试新事物—改变—收集反馈—再次尝试。其他 P2P 社交网络之所以失败，我想他们一定没有像我们这样付出。这也是让产品与我们的项目精准适配的唯一途径。

人脉需求

如果让我把最重要的联系人信息记录在电子表格中，我想我可能会花很多时间在创建电子表格这件事上，而不是真正地去记录。

别误会！我当然相信有些人很幸运，能够在职业生涯中找到令其受益一生的导师或一小群能够长期为其提供建议的人。但是对于我们大多数人来说，随着我们的职业发展，我们会接触到越来越多的项目以及受到各种环境的影响，我们要不断寻找盟友或加入不同的团队，以建立额外的联系，满足我们职业生涯不同阶段的需求。

关键就是在你需要建议、指导和支持时，能够快速找到并接入有用的人脉网络。并且这不仅仅是为了寻求指导或支持，更关键的是节约了时间成本。或许你已经意识到了，建立人际关系并没有什么节约时间的捷径，只能有意识地控制社交流程以及控制自己的预期。

在加入某个团队或注册会员之前，看看自己是否已经想清楚以下问题：

◎ 问问自己为什么。你想要达到什么目的（你的目标是什么），为什么你认为这个团体或社区能够帮助你实现目标？

◎ 这个群体的核心是什么（社交还是商业，长期业务增长还是短期项目实现），这与你的目标一致吗？

◎ 仔细研究社群规则，该群体的系统或结构能否帮助你实现目标？

◎ 该群体的口碑及发展前景怎么样，是否履行了当前会员的承诺，并且有能力持续履行承诺？

◎ 该群体的成员是否都认同其团队文化？

◎ 除了将其视为实现目标的工具之外，你对该群体是否有一丝丝的兴趣或热情？

◎ 是否有平台（线上或线下）可供社区成员汇集与分享想法？

06

社交进行时

BUILD
YOUR DREAM
NETWORK

技术为我们的生活创造了更多的连接机会，连接的对象包括人、思想、诱惑、时间以及创新。技术扩展了社交工具与场所，改变了人与人之间保持联系的方式。过去，或许我们需要等 10 年、20 年甚至 30 年才能与曾经的同学在学校的体育馆重聚，才能知道这些年他们都经历了什么。而技术改变了这一切，让整个时代都变得更美好了！

　　真正的挑战在于如何让技术服务你，而不是控制你。

　　让我们暂时把社交网络平台或通信应用程序抛诸脑后，专注于以下问题：

- ◎ 你什么时候最有效率？
- ◎ 你的灵感一般来自哪里？
- ◎ 你一般向谁寻求建议？

　　现在仔细想想，当你需要建议或想要分享一个笑话时，你脑海中第一个跳出来的人是谁，你是否真正关注过与你最亲密的朋友的沟通和互动的方式？

我认识的一位 70 多岁的老奶奶就与众不同，她是早期硅谷的技术员，也是狂热的美国橄榄球球迷。每个星期天的上午，她一定是一边吃早午餐，一边眼睛盯着屏幕，关注所有赛事的进展，而不仅仅是她所支持的旧金山 49 人①队。此时与她聊天，话题一定离不开橄榄球，她会眉飞色舞地跟你讲述她对橄榄球赛的见解，显然这个时候不适合聊她年轻时的故事。

用观察代替假设，才能实现更有效的社交。不要想当然地去揣测他人的社交方式，反之，要密切关注他们真正的社交方式。

利用社交平台的同时，稍微花点时间去注意人们的行为和习惯，而不要只关注平台本身的功能。

跟不上时代的节奏

我意识到，为了更好地完成工作，我必须对收件箱进行整理。不能做第一个知道的人又怎么样？让错失恐惧症（fear of missing out）见鬼去吧！

我意识到，自己有些跟不上时代的潮流了。直到 2012 年，我还在使用黑莓手机！换成 iPhone 之后，我下载了一些精选的应用程序，并且每天都争取使用这些程序。无论是发推文，还是发博客，我的名字从来没有出现在"数字领域先驱"的列表中。我也没有自己的 YouTube 频道或播客，我并不希望自己成为突发性新闻的消息源（我们已经有了美国有线电视新闻网和福克斯新闻频道，甚至推特上也播新闻了，用不着我再来插一手了）。

---

① 美国橄榄球队名称，也称为旧金山淘金者队。

听起来我完全是个尼安德特人 ①，尤其在那些以线上平台为社交核心的人眼里。我充分认识到了社交媒体的巨大价值，但我必须结合自己的工作与生活方式去使用它，才能让其为我创造价值。

社交媒体并不会消失，即使这可能是那些"跟不上"节奏的人所希望的。即使在珠穆朗玛峰上，我们也能发短信、发推特，因此社交媒体是绝对无法逃避的！逃避社交媒体就意味着放弃了实现目标的机会，意味着失去创造机会的主动权。

社交媒体很强大。由于目的明确，社交媒体可以实现许多有意义的人际关系，创造更多的交流机会，使新的想法不断地冒出来。

下午茶时间

推特并不是第一个对线下交流产生"威胁"的社交媒体。

17 世纪开始，咖啡馆成了阅读宣传册和了解新闻的热门去处，人们得以在开放的场所沟通和交流新的想法。咖啡馆就如同现在的社交网络平台，让社交变得大众化。截至 1739 年，伦敦的咖啡馆数量达到 550 家。

随着创业热潮的来临，咖啡馆社交又重出江湖，创业者渴望与志同道合的人共事，一同做出一番成就。想法与创意经过交流与探讨，不再仅仅是一个想法。而咖啡馆为思想的交换提供了开放的空间，促进了新社区的建立，更加重要的是促进了新想法的实现。甚至许多公司也在向"咖啡馆"转型，采用开放式的设计，而不再采用办公室和工位分配的模式。

---

① 人类进化史上一个极其重要的阶段，他们已经极为接近现代人，广泛分布在欧亚的大部分地区，但最终却未能进化成现代人。此处作者暗指自己落后了，跟不上时代的发展了。

这些"咖啡馆"是创新的基石，这不仅是因为物理环境的变化促进了思想的交流，更是因为"咖啡馆"里都是愿意交换想法的人。在17世纪，咖啡馆没有任何的阶级概念，向所有人开放（除女性外），是真正的公共场所，任何人都可以进来并且分享自己的想法，这也是为什么在过去咖啡馆会被看作是对社会的威胁。

任何人都可以进入并且分享想法的场所，听起来是不是有点像推特呢？

推特是数字时代"咖啡馆"的先驱，是一个人们可以直接交流的平台。通过观察和参与这个全球性的"咖啡馆"，我丰富了自己的见解，找到了交流的机会，并分享了不少快乐。

对大多数人来说，这并不是要不要参与"咖啡馆"的问题，而是我们沟通与分享信息的方式是否能够契合他人的需求。同样，我们需要与人类的自然本能做斗争，不断跳出舒适圈，不断接触新的人群。

细想一下，在图书馆里你通常坐在谁的身边，或者昨天在公司内网你和谁聊天了？

找找现实生活中或线上的"咖啡馆"。如果你日复一日看到的都是同样的面孔，或是重复前几天的谈话，那么这便不是你需要建立联系的地方。永远停留在起点，只会让你落后。

社交还是独处

我要为我曾无视过的领英好友申请而忏悔。

我是领英的粉丝，该平台对于扩展专业社交网络具有极大的价值。然而社交需求会不断地发展、转移以及过渡，我自己在领英上的社交方式也发生了巨大的变化，就像我加入过不同的社交组织以及行业协会。社交从来就不是一项静态的活动！

担任 White & Case 的"校友"计划负责人时，我才开始积极主动地使用领英。为了建立全球"校友"网络，我需要找到公司的"校友"并与之建立联系。还有什么平台比领英以及脸书更适合建立这类封闭式或以行业为中心的社交网络呢？为了完成这项工作，我要与很多人联系。姑且不说上千，我至少与数百人建立了简单的信任关系，但我真的不能说这些人我都认识。

这就是我 2008—2009 年使用领英的经历。当我结束那份工作时，我的社交重点也随之转移了。2009—2010 年，我担任了 85 Broads 的总裁。在那段时间，我与一家律师事务所合作开展了咨询项目，并在财富 500强公司进行了演讲。打造新的社交圈成了我开展新业务渠道的必经流程。在社交活动中，我积极地结识所遇到的每一个人，从工薪阶层转变为短期项目创业者，我需要一个更广泛的社交网络来为我提供信息与机会。

到了今天，很明显我的职业发展完全得益于我的人脉，这对我而言更是一份责任。

2012 年，我开始为创业公司提供咨询建议，这完全得益于我的人脉。我受邀在会议上发言并发表主题演讲，同样，这也是人脉带给我的机会。我的人脉网络一直在为我提供机会，推动我的职业发展。这并不是说我2008 年的人脉没有价值，但这几年肯定有所改变。对于现在的社交圈，我变得更有选择，我所说的话以及推文也更有针对性。

我能信任你吗？你是否像我一样重视我们的关系？你想要建立长久联

系吗？当我看到"我想添加您为我的领英好友"消息时，我的脑海中就会浮现上述问题。

现在请你想想自己的社交行为。

或许在某次社交活动中，你曾热情地与别人交谈，但也就仅此而已，没有更深入的互动了。你并不会知道，也许这就是下一个与你携手共进的人。只知道双方在哪里见过，就声称彼此是"朋友"，这难道不是一种虚假的关系吗？

说实话，我也不知道，我只是建议你考虑一下这个问题。平台的功能可以促进人际联系，但并不代表它一定能实现人际联系的目的。

虚拟即现实

很多人怀疑社交媒体的力量，但埃琳娜·罗西尼（Elena Rossini）并不是其中之一。这位定居巴黎的意大利电影制片人真的很喜欢推特，喜欢到她有 4 个推特账号。

有趣的是，埃琳娜和我并不是通过推特认识的，尽管推特确实增进了我们的远距离友谊。我们是在一次采访中认识的，直到 2010 年，我们才有机会喝上一杯咖啡。

除了用推特与朋友联系之外，推特也是埃琳娜的重要业务来源。在平台的帮助下，她不仅完成了众筹的目标，而且随后还在推特上放映了她的纪录片。推特为她提供了许多潜在的客户，这一切都取决于她所提供的内容以及她在线上与其他人互动的方式。与任何人进行交流，埃琳娜始终是真实的、热情的以及健谈的，这可能就是她成功的原因。

问：推特为你提供了多少机会？

埃琳娜：我估计在过去的 4 年中，有超过 80% 的机会来自推特。除了我的长篇纪录片，2015 年我所有的自由电影制作项目都是因为某家公司在推特上注意到了我，并要求我参与他们的工作。

在新闻报道方面，这个数值应该接近 99%。我在推特上长期与媒体记者保持联系，我的作品登上过大量出版刊物，此处就不一一赘述了。

问：我觉得推特更像是一场"鸡尾酒会"，你是如何将推特发展成对自己事业有利的社交平台的呢？

埃琳娜：许多人认为玩推特是浪费时间或者是自恋，但我认为这取决于你如何利用它以及你所关注的人。对我来说，推特是一个很好的工具，可以让我的工作受到关注，并让我能够与许多有趣的人取得联系，最终成为现实生活中的朋友。

对于读取和编写推特消息，我有自己特定的方式。作为读者，我发现最有用的工具是关注列表，我将人物、公司和组织按主题分类，例如"电影中的人""记者""性别平等倡导者"或者只是简单的"有趣的人"。因此当我想要查看特定的消息时，我通常能够最快地找到自己想要的信息，不会杂乱无章。

发送推文时，我会尽可能发送与个人信息一致的内容，因为我发现推特上的人通常不喜欢太多的主题。我的纪录片（@illusionists）账户有超过 8800 名粉丝，而我的女性职业采访系列 *No Country for Young Women*（@NCYW）则拥有超过 12000 名粉丝。相比之下，我的个人推特账户（@_elena）只有大约

3000 名粉丝，尽管这个账号比其他两个早注册整整 2 年！真正让这两个账户持续发展的原因——即使我一段时间不打理——是它们已经成为这些主题最权威的"专家见解"了。

问：你是如何成功联系上各个公司的 CEO 以及相关媒体的？毕竟大多数人这么做的时候都碰壁了，你有什么特别的方法和策略吗？

埃琳娜：我的成功主要源于我积极的态度。我从不在推特上发表负面言论，我只会提供有价值的信息。

问：你是如何将线上联系发展到现实生活中的呢？线上与线下有什么区别吗？

埃琳娜：将线下会面与推特交流相结合一直是我巩固人际关系的关键。在线下会面中我遇到过许多了不起的人，我会坐在观众席中，通过推特现场直播一些有趣的小组讨论，当然是在征得台上小组成员同意的前提下。通常在会议期间，我就会收到些表示感谢的信息以及一起喝咖啡的邀请。这就是两种体验（线上与线下）如何相互补充的例子。

问：能跟我们聊聊你是如何认识洛蒂娃娃（Lottie dolls）首席执行官的吗？还有，一条推文能给你带来什么？

埃琳娜：2015 年夏天，我受邀在爱尔兰都柏林的 Inspirefest 会议上发言。所有发言者都收到了一个礼品包，其中就有洛蒂（一个看起来栩栩如生的洋娃娃），我一眼就爱上了洛蒂。会议结束后，我就拿着洛蒂在办公室拍了一张自拍照，并发了一条推特，"享受与洛蒂娃娃 @Lottie_dolls 共处的时光，感谢主办方 @inspirefestHQ 的礼物"。

洛蒂娃娃的社区经理不仅立即转发了我的推文，还主动联系了我。2个月后，我收到了洛蒂娃娃其中一位联合创始人的电子邮件，邮件中感谢了我的推文，并邀请我与他们合作，共同制作一部短纪录片，纪录片的主角是一位 6 岁小女孩设计的外太空洋娃娃——Stargazer Lottie。得益于这个从推特上开始的项目，我有幸见到了国际空间站上第一位法国女宇航员克劳德·海戈涅尔（Claudie Haignere）。没错，我那个原本对社交媒体嗤之以鼻的母亲现在非常自豪了。

问：慷慨是一个很重要的社交概念，这点在推特社交中又是如何体现的呢？

埃琳娜：我喜欢用推特来发现、赞美他人的劳动成果。除了宣传我自己的电影，我的推特大约有90%的消息是关于其他人的文章和项目的，只有10%甚至更少是关于我自己的工作的。根据我自己的体验，我不太喜欢那些在推特或者脸书上只谈论自己工作的人。合作对我来说非常重要。

放下扩音器

对我来说，社交网络平台只是我们平时所处的物理空间的延伸。领英是办公室或会议室的延伸，脸书是高中社团或家庭聚会的延伸，而推特则是鸡尾酒会的延伸。

进行线上社交时，我总是提醒自己，努力成为其他人想要与之交谈的人。因为网络社交并不是单向营销，而是双向互动。这是一场对话，是分享信息和想法的过程，而不是一场拥挤的聚会。

哎呀！读到这里，你是不是后悔发了最近的帖子？

很好。

就像 IBM 的安德鲁·吉尔常说的，"社交就是生活"。

留意平台背后的人

网络平台只是可供选择的社交工具之一，并且需要极大的耐心。利用社交网络取得成功的关键在于始终谨记技术的背后依旧是人——像你我这样的，过着复杂且多样生活的人。

铺天盖地地发送推文并不能引起别人的注意。

平台和应用程序促进了我们所有的社交互动，但真正推动社交的是你对所联系的人的充分了解。根据皮尤研究中心发布的 2005—2015 年间社交媒体使用情况的报告，社交媒体的使用率在短短 10 年从 7% 飙升至 65%。90% 的年轻人都是活跃的网民，并积极探索着新的网站和平台，而原有的平台（如脸书、领英）使用人数的激增主要来自那些原本落后于潮流的用户。65 岁及以上使用社交媒体的人数比例从 10 年前的 2% 上升至目前的 35%。

对于千禧一代或 Z 世代[①]来说，他们的网络第一本能可能就是将博客或文档上传至云端了。值得注意的是，在网络社交中，年代、种族和性别的差异越来越小。因此，如果你需要与"老人"社交，你可能同样要用脸

---

① 1980—1984 年出生的年轻人，也被称为"新新人类"。

书给他们发消息，而不是参加 AARP① 聚会或去他们的办公室喝咖啡。

线上工作室

作为一名前律师，我曾经开玩笑地说，法律领域中对于维系客户关系最伟大的发明就是电子邮件。许多律师性格都偏内向，有了电子邮件，律师就可以避免直接与客户交谈，更不用说见面了。

科技很伟大，但同样很容易让人迷失。持续更新的脸书信息模糊了你的时间概念，让你忽略了与他人真实的互动。线上发布只能作为数据点，而不能替代完整的互动。

技术的重点可能是更快、更高效地传递信息，但我主要关注的是建立"有效"的联系。线上的交流始终是为线下服务的，始终要把握住线下面对面交流的机会。

嘿！我们才刚认识

我收到过许多这样的消息："嗨，请问我能加入你的领英关系网吗？"有些是通过活动方找到我的，有些则是因为我被列入了"你可能认识的人"的类别。

嗯……

领英是与刚认识的人、前同事以及新业务对象保持联系以及增加关注

---

① American Association of Retired Persons，美国退休人员协会。

的有效方式。领英就是我的名片盒（如果还有人记得名片盒是什么的话）、业务关系管理系统。

但我必须承认，我在网络平台上的商务礼仪并不完美。

在某些情况下，可能活动结束好几天或好几周后，我才找到时间去联系那些在活动上见过面的人。如果说在见面后的 24 小时内发送电子邮件是"优等"，那么我的成绩最多只能是"及格"。而我也知道，我并不是唯一一个这样做的人。

这让我想到添加好友时领英官方提供的"标准"消息模板，"我想将您添加到我在领英的关系网中"。

在你忙得焦头烂额，并且被一波又一波邮件压得喘不过气时（大多数人都是这样），很容易无视这类消息。如果你像我一样，根本不记得遇到过谁（或不记得对方的名字），这条标准信息只会引起下列悲惨的反应：

- 挺好的，但，你是谁？
- 我们怎么认识的？
- 你为什么想要与我联系？

采用标准信息时，一定要深思熟虑。将标准信息视为参考，然后再重新编辑个人介绍。使用标准信息对你而言或许很方便，但对于接收信息的人来说，就是在浪费他们的时间。

每次收到标准信息时，我必须弄明白：

- 我们是如何认识的。
- 我们何时见过面。
- 我们见面的地点在哪里。

- 我们是否交流过有价值的东西。
- 我们为什么交换了联系方式。
- 我们是否有共同的好友。
- 我们为什么要保持联系。
- 你是不是我记忆中交谈过的那个人。

我必须花时间弄清楚我们联系的理由，而不是简单地点击"接受"。因此，当陌生的名字发送好友请求时，我通常默认拒绝这种潜在的联系。

当发送的请求信息包括自定义内容（例如，见面的时间、谈论的内容、见面的地点或共同的组织）时，好友请求更容易"被接受"，而不是简单地说"请把我加入你的联系人列表"。

神奇的茶水间

蒂娜·罗斯·艾森伯格（Tina Roth Eisenberg）设计共享空间的目标之一就是创造"茶水间时刻"，在这种情况下交流往往可以带来神奇的结果。"茶水间时刻"推进了蒂娜的多项业务，因此也不难理解为什么她如此热衷于发掘这样的"机缘巧合"。

如果你没有可去的共享空间或者是个网络流浪者[①]，那该怎么办？社交网络平台就是你建立关系、创造"茶水间时刻"的地方。IBM 的安德鲁·吉尔每次旅行时都会创建一个"不曾离开"的互动，安德鲁一定会提及他要去的地方、到达时间以及停留的地方，同时在他的全球人际网络中寻找其他人的相关线索。安德鲁在 IBM 工作时，仅 2015 年就有 114 天在路上，因此依靠社交媒体保持联系以及开发新人脉成了他的职业习惯。

---

① 在网上东游西逛没有固定使用社交平台习惯的人。

根据 IBM 的说法，我们处于关系时代，社交不再只是外向者的选择，而是 IBM 每个员工都需要考虑的问题。同样的逻辑也适用于业务发展，IBM 正在寻求这样的"茶水间时刻"，以创造有形及无形的收益。

创建自己线上的"茶水间时刻"时，要注意联结多个接触点。以下建议仅供参考：

◎ 如果这个人是影响力中心，关注他的领英动态。

◎ 订阅他的推送。

◎ 为他的书撰写亚马逊评论。

◎ 阅读并评论他的博客文章。

◎ 订阅并传播有关其播客的信息，并在 iTunes 上对其播客进行评分。

◎ 分享他的文章，无论是通过电子邮件转发给你的朋友还是简单地在推特上转载。

◎ 加入他的话题。

◎ 参加他组织的推特派对或平台上的问答节目。

◎ 参与他线下的活动或聚会（例如 TEDx 活动），并分享你的见解。

网络求职

对你而言，互联网及相关人脉是否是你必不可少的资源？

根据皮尤研究中心的说法，互联网是当今求职者的必要就业资源。在求职期间，人们会在网络上进行大量的搜索，这意味着经常需要整理线上的信息。或许你认为自己很精通电子技术，具有创造力，性格开朗外向，但如果这些无法在线上互动中体现出来，谁会相信你呢？你在线上的表现需要与线下目标保持一致。如果目标都无法确定，还是先问问自己的内心吧。

哈丽特·拉夫（Harriet Ruff）是 IBM 的员工以及品牌倡导者。在她被 IBM 聘用之前，她的博客以及推特获得了许多人的关注，而我猜正是她在线上发布的内容以及她的活跃度，让她成功脱颖而出。一张传统的简历可能让哈丽特敲开公司的大门，但是活跃的线上活动让她驶上了职业成功的航道。

专家建议：咨询精明的招聘者

用"常在周末和飞机上发帖"来形容阿曼达·埃利斯（Amanda Ellis）再贴切不过了。阿曼达是美国法律与招聘事务公司 Special Counsel 的副总裁，她也是一位社交媒体爱好者，她非常了解如何使用社交网站获得工作岗位，并出版了一本关于法学院学生如何利用社交网站求职的书。

阿曼达将自己的社交成功归因于：

◎ 在推特上结识法律专业人士，并与之保持联系。
◎ 发布相关主题内容的帖子。
◎ 积极开展对话，并拓展线下联系。

问：你是社交网络爱好者，也是招聘主管，因此让你就如何使用社交平台为大家提供建议再合适不过了。那么，在竞争激烈的人才招聘市场中，你认为网络联系对你有什么帮助呢？

阿曼达：通过使用推特、领英以及脸书，我获取了大量有关法律行业的消息和市场情报。具体来说，我用推特上的"列表"功能来浏览法律新闻，用脸书来查看律师朋友分享的内容，用领英收集各种业内更新和通知。

我是以上社交平台的活跃用户，同时我也代表我们的客户分享法律行业相关的信息以及发布一些内部职位的招聘信息。没错，我们的招聘人员会使用领英来搜索候选人。

问：社交媒体如何影响你对潜在候选人的评估？你通常会关注什么？哪些是雷区？线上信息缺失或过少会有问题吗？如果是，又是为什么呢？

阿曼达：招聘者其实就是事实核查员。招聘中最忌讳的就是信息不符，包括领英个人资料与实际信息或电子邮件中的简历不匹配。我们的工作就是将合适的候选人安排在合适的岗位上，因此如果推特上只包含通过RSS①自动发布的内容，并且没有与其他推特用户的互动，就不是个好现象。另一个注意事项就是避免向未见过面的人发送通用的领英邀请。与其这样，不如花1分钟时间告诉我为什么你想和我联系，以及我如何能帮助到你，这是完全不同的。

而线上信息缺失或过少，这是需要解释的。因为我的第一反应是这个人肯定隐藏了什么！大多数人，即使是常规行业的人，在当今这个社会至少都有一个社交网站账户。

问：从发布内容到建立联系，对于希望转换职业或提高在线曝光率的专业人士而言，你有什么线上社交建议吗？

阿曼达：对于求职者，我有以下几点建议：

◎ 充分完善并润色领英个人资料，给人留下专业的印象。

----

① Really Simple Syndication(简易信息聚合)，用来和其他站点共享内容的一种简易方式。

◎ 每周至少发布 2 次领英更新，以提高曝光率。我建议更新的内容主要集中在行业相关的新闻、你所参加的活动或是需要求助的问题。

◎ 每周至少更新 5 次推特。转发所在行业专业人士提出的问题或评论相关推文，这是提高曝光率的绝佳方法。

◎ 建立能够帮助你拓展人脉的联系。

问：你经常需要出差，你是如何维持社交网络的呢？有什么工具推荐和建议吗？

阿曼达：我主要用领英的定位功能。领英按地理位置对联系人进行了排序，其实就是变相地提醒你在什么地方该去拜访谁。另外，推特的列表功能对我来说也很关键。我还会使用社交新闻软件，以防出差途中我没有时间查看推特列表。

问：你还有一个以行业为中心的人际网络，你是如何与这部分人保持联系的呢？

阿曼达：我会对个人资料和发布的内容做一些简单的评论。我发现我的圈子里有很多"潜水"的，也就是说，他们是内容消费者，但不是创作者（包括不点赞、不转发）。有时候发布完内容之后我会收到这些人的私信（就在我怀疑是否有人阅读我的内容的时候！），所以我知道除了点赞和转发之外，我的帖子还是有人在阅读的。

你的标题是什么

既然我们的创业热情来自自身的技能、兴趣、激情以及经验，那为什么不将这些作为你的标题呢？

你喜欢用哪个社交平台？

谈到社交媒体，大家脑海中默认的可能就是三大巨头——领英、推特与脸书。当然，还有许多，不一而足。

掌控社交中的主导权！不要让别人限制了你的想法。

运营线上社交账号意味着要密切关注他人交换信息的方式，新的社交规则在某些方面意味着没有规则。例如，领英上的"摘要"版块通常被我用来通知大家我的行程，例如我即将举行的演讲或是正在参加的会议。是领英让我这样做的吗？当然不是。我只是结合自己的情况，充分合理地使用了它的功能罢了。

网络社交同时意味着在全新的地方找到你所需要的信息。既然可以加入驴友社区，从 Instagram 上获取旅行灵感，在 Airbnb 上寻找住宿，再通过 Pinterest 挑选活动，最后与好友在 Snapchat 上确定旅行方案，还有什么必要翻看旅行手册来获取度假灵感呢？上面提到的这些正是千禧一代旅行者、IBM 社交商务顾问哈丽特·拉夫在计划菲律宾度假时所采取的路径。旅行目的地若想吸引千禧一代，或许应该想一想自己的网络关键词能否被搜索到。

创意不可替代

除非你是美国总统或纽约市市长，否则你就不可能派别人去替你参加鸡尾酒会。恕我直言，社交媒体也是如此。当然，在创建或编辑个人资料时，是需要专业人员给予指导的，而这些指导也能帮助你了解自己是否适合使用社交媒体工具，但最终决定权还是在你手中。显然，社交网络平台的核心是社交，而社交就意味着与其他人的互动。其本质与鸡尾酒会或聚餐是一样的，只不过这一切发生在网上。

时光瓶

自动回复已经成为我的标签之一，就像我对鞋子的痴迷。这是一种战略性的网络策略，也是重要的时间管理工具。对于电子邮件，我们大都又爱又恨。但不得不承认，对大多数人而言，电子邮件仍是关键的通信工具，自动回复也是提高效率的神器。

以下是其他社交时间管理策略，仅供参考：

◎ 删除移动设备上的应用。例如，我的苹果手机上就没有脸书，我会每天在笔记本电脑上定时查看这些社交平台。
◎ 限制数据流量，拒绝过多诱惑。
◎ 关闭最浪费时间的东西——社交媒体网站的更新通知！

专属应用程序

现在几乎每场会议都有专属的应用程序。有一次，我受邀参加了克利夫兰的一场投资者活动，会议组织者特意提到了该活动的应用程序，并强调说他们的 IT 团队也在现场，随时应对各种连接问题。多次连接失败后，我甚至怀疑主办方实现有效连接的承诺与诚意了。会议策划者和组织者常常误以为应用程序不仅可以促进后勤信息的传播，还可以加强活动参与者之间的联系。

不要低估当面介绍的必要性，更不要高估应用程序的作用，将其当作联络的替代品是不明智的。对于社交而言，技术仍未到达可替代真实交流的地步。仔细想想，我估计大家都收到过无法完全理解的电子邮件、短信或即时通信的消息，现实生活中如果错过某些细节，我们尚且很难获取其背后的真正含义，那我们凭什么认为利用科技、利用这些看不到彼此的应用程序会让社交更容易呢？

因此，策划小组互动时，应尽可能地面对面交流！

此外，在实际层面上，应用程序的价值完全取决于使用它的人——他是否真的下载了这个应用程序，他是否用心地去完善了个人资料。

应用程序与社交网站一样，都只是用来与他人进行互动的众多工具之一。数字化是更新颖、更偶然的一种社交方式，但要说数字化完全取代了老式交换名片的社交方式，这完全是无稽之谈。事实证明，即使是人类最简单的互动也难以实现完全自动化。

07
由点及面

BUILD
YOUR DREAM
NETWORK

在当下高度互联的世界中，如何让别人了解你知道什么、需要什么、想要什么或渴望什么成了关键。而将你的目标与社交方式相关联，可以实现这一点。

这并不是指随意删除社交媒体上的帖子或电子邮件，相反，要学会有意地去关注以及了解人脉建立的方式与时间，这样在下次寻求帮助时，才能考虑周全，提出明确的要求，而不是想当然，也绝不要让对方猜测你需要什么或你正在做什么。

将所有的社交人脉串联起来，由点及面，你就能成为一个连接中心。这个连接中心正是马尔科姆·格拉德威尔（Malcolm Gladwell）在其《引爆点》（*The Tipping Point*）一书中描述的那种人——想象自己是橄榄球四分卫，关注点始终落在对手的球门区，从而预判每个传球，并努力冲到那里。在职业生涯中，努力成为这类连接中心吧，一旦将目标与正确的人脉（教育、文化、社会、地理、经济、宗教和政治）相连，人脉带来的力量超乎你的想象。

建立联系：转换职业

2002—2004 年，我职业转换的成功（前文也提到过）离不开人脉的支持。同时，也因为我完全了解自己想要实现的目标，了解自己所追求的职位，因此我知道该向圈子里的谁求助，而不是请求每一个人的帮忙。

在群发主题为"我需要一份新工作"的电子邮件之前，问问自己："我的职业目标是什么？"为了赚取薪水？为了得到华尔街极具挑战的岗位？为了加入硅谷热门的创业公司？还是为了找份有意义的工作？

或许你非常幸运，有很多可以帮助你的朋友，但扪心自问，谁能够帮助你获得你真正想要的工作或启动你梦寐以求的事业？

向朋友寻求帮助之前，还需要进一步，明确你的目标。简单地宣布"我需要一份工作"，会让你社交圈中的朋友觉得很棘手，需求需要进一步细化。要找全职还是兼职？介意自由职业或远程工作吗？还是想要跟之前类似的工作？介意更换住址吗？如果你只说"我要一份工作"，那你的朋友不是"帮"你找工作，根本就是"替"你找工作！宽泛的请求只会让你的朋友精疲力竭。

社交小技巧：时间是有限的资源，因此要善用他人的时间。例如，如果你不想在访谈中因为一般的问题而浪费对方的时间以及建立有价值的联系的机会，那就提前做好功课，准备详细而具体的问题，从而获得宝贵的回答。

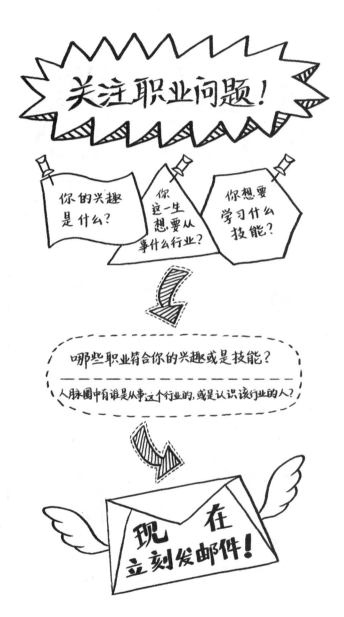

另一个社交小技巧是后续跟进。例如发送感谢信或是定期联系，让对方知晓你的求职进展。如果需要复习一下，可以翻回第 3 章，再仔细阅读一遍！

建立联系：媒体与公关

财富管理顾问曼尼莎·萨克（Manisha Thakor）始终热衷于传统媒体，因为她知道面对面的采访能够让既有或潜在客户对她保持印象（有关她的商业社交故事详见第 3 章）。曼尼莎还与报道金融故事的记者建立了良好的关系。无论是提供金融方面的专业见解，还是推荐其他资深专家，她都尽可能地为媒体朋友提供帮助。此外，曼尼莎也不断地在专业领域增加自己的曝光度。所有这些都让她不断地出现在大众的视线里，同时也为媒体带来了流量。

你可能在想，那又怎样？《纽约时报》还不是被"颠覆"了？千禧一代接收的信息大多来源于网络，而不是传统媒体。数字技术以及社交网络正在颠覆现有的媒体行业，但传统媒体（出版、电视和广播）对于发展事业仍然具有巨大的作用，企业家和管理人员应该知道如何充分利用媒体的力量。

我就曾收到过这样一封电子邮件："我的朋友刚刚推出了他们的新产品，你知道有谁愿意报道吗？"

这个问题太模糊、太宽泛了，根本让人无法回答。提出这样的问题，你是在要求对方替你讲故事、寻找媒体角度以及适合发布的平台。若想真正获得对方帮助并吸引媒体，你需要提供更具体的信息！

有专业知识支撑的好故事通常更容易获得媒体的关注。现实情况是，并非每个新闻媒体都关心你的产品或项目，而对方可能对你的故事感兴趣。

你的工作就是找到这样的媒体，讲出对方感兴趣的故事。这就是典型的社交场景中的换位思考！

社交小技巧：如果你希望记者来采访你，那么就努力成为最棒的新闻来源！在推特上关注相关领域的记者，并转发他们的故事报道。等他们要寻找新素材时，为他们推荐。若想要获得别人的帮助，首先要真心实意地帮助别人！不要羞于展现自己的专业知识，要勇敢地分享自己的见解。同时，确保线上个人资料的实时更新，并呈现能证明自己够专业的内容。

建立联系：众筹

成功的众筹需要的不仅仅是梦想，正如凯瑟琳·芬尼（Kathryn Finney）所说的，众筹需要拥有强大并且能够为你所用的人脉。然而，很遗憾，在众筹过程中，人脉的重要性往往被抛诸脑后。

在众筹活动的最后一周，一家社交商务公司的创始人给我发了封电子邮件。

这家创业公司由常春藤联盟的校友所创立，致力于将时尚的成衣产品推向市场。创始者决定众筹10000美元来制作第一个服装系列，该系列由独立设计师设计并选用定制面料制成。但他们的众筹并没有达到预期目标。

从接到求助电话开始，我就不断怀疑，这家创业公司完全没有尽其所能将现有的人脉运用到筹款活动中。在创业社区有一种说法：当你想要资金时，你得到的是建议；但如果你想寻求建议，你往往会得到资金。大家都听过这个道理，我敢肯定，他们非常认同我的建议。

在我的指导下，他们最终达到了众筹的目标，筹到了他们所需要的10000美元。

这个创业团队并不缺乏可利用的人脉资源，成功筹集资金的关键在于激活现有人脉。众筹平台的主要功能在于方便付款，平台并不负责寻找资金方或推广项目，这些是项目负责人该做的工作。

创始人往往容易忽视他们既有的庞大且多样的人脉网络，其实只需要将自己的需求传达给现有的人脉，就能达到筹集资金的目标！最终，众筹活动所面临的挑战就是建立沟通渠道，以便快速覆盖现有人脉以及其他潜在投资者与捐赠者。

众筹就是一个例子，充分说明人脉能够帮助你实现目标，而一味地关注平台只会让你错失良机！

如果你正在策划众筹活动：

- ◎ 请记住，你的成功取决于你认识的人的支持。
- ◎ 在开始策划活动前，集体讨论并列出所有可能给予财务支持与帮助的人脉名单。
- ◎ 放下自尊（毕竟你要钱！），并准备好深入寻求帮助。
- ◎ 开动脑筋，尝试激活较疏远的人脉关系。
- ◎ 制定一项为期30天的沟通战略，而不仅仅是启动策略。准备多种方式与人脉保持联系，让他们参与并支持你的众筹工作。
- ◎ 准备好后续跟进策略，因为完成众筹活动只是项目所面临的众多挑战中的一个。持续活跃这个人脉社区，并随时让他们了解你工作的最新进展。
- ◎ 从现实的角度来说，如果你想要建立个人品牌，就需要大量的内容以及大量的社群，并且所需的时间远远超过30天的众筹时间。如果只有30天，那么就专注于你已经认识并相信你的人吧！

社交小技巧：在整个众筹的过程中，要确保自己知道是哪些人给予了支持，并亲自逐一联系他们。众筹活动结束后也要保持社区的活跃度与黏性，

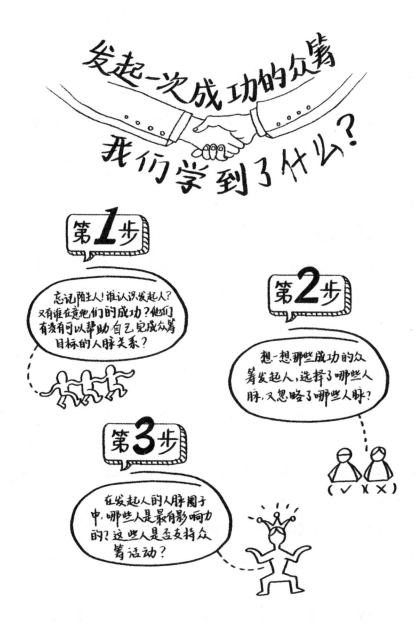

发起一次成功的众筹 我们学到了什么？

第1步

忘记陌生人！谁认识发起人？又有谁在意他们的成功？他们有没有可以帮助自己完成众筹目标的人脉关系？

第2步

想一想那些成功的众筹发起人，选择了哪些人脉，又忽略了哪些人脉？

第3步

在发起人的人脉圈子中，哪些人是最有影响力的？这些人是否支持众筹活动？

并定期告知项目的进展，毕竟这些人都是因为信任你才会支持你的众筹活动。

建立联系：围绕业务展开的交流

人们总是在自己需要时才会向他人寻求帮助，并期望对方能够立即采取行动。这通常是所有社交陷阱中最容易避免的（也是最容易解决的），但大多数企业家和小企业主很容易深陷其中。你所需要的只是定期与你的人脉沟通，再加上一点点坚持和规划。

在真正需要帮助之前，定期和稳定的沟通是制胜的法宝。持续且一致的社交活动就像每天坚持做仰卧起坐，虽有成效，但并不能立竿见影。除此之外，持续而简洁的电子邮件的联络方法也能得到正向回报。纽约的创业公司 Hitlist 开发的一款旅行应用在苹果 iTunes 商店初次上架下载量就达到了 20 万次，而该公司并未投入任何营销成本，只是每周向其人脉网中的客户发送一封电子邮件。

定期与朋友、家人、顾问、导师和潜在投资者进行沟通，或许对日后的工作会有所帮助。从一开始，这些人就是了解你并希望看到你成功的人。遇到新问题了？他们会为你解答。想在推特上分享信息？他们会不遗余力地帮助你。

一段新的业务关系可能是即时性的，也可能是为了满足需求而产生的，但人际关系并非如此。保持定期且细致的沟通，你的人脉才有可能帮到你。

◎ 从哪儿开始？头脑风暴一下联系人列表，这些应该是可以与你分享事业高潮与低谷的人。

◎ 创建电子邮件列表或自定义列表。可以使用电子表格，或者选择适合项目和／或时间管理风格的交互式平台。重点是花时间考虑你的列表应该包含谁，然后在你将使用的平台或工具上汇集所有的联系人信息。

◎ 如果你想知道什么时候应该和这些联系人沟通，我不得不残忍地告诉你，唯一可以回答这个问题的人是你自己。只有你自己才能决定联系的时间和频率，想想你的联系人以及他们接收信息的最佳时间再做决定。

◎ 一旦决定何时更新推送（每周，每月，每周二下午，无论什么时候！），坚持，无论你多么疲惫、压力多大，都坚持下去！这很难做到，并且需要决心，我非常了解，因为我也经历过！2015年2月，我曾下决心每周发送一封电子邮件来扩展我的社交圈。有那么几个星期，我就直直地盯着电脑屏幕，想知道自己是否有话要说，甚至是否有人会看我的邮件。这种感受反反复复。就像我一样，慢慢你会意识到，随着时间的推移，你的联系人会期待收到你的消息，而这一认知将激励你后续的更新。

◎ 不断提醒自己，人脉决定了哪些想法能够成功实现。保持人脉关系的黏性，为你实现想法增加了一份机会。

◎ 想知道该说些什么吗？信息的内容应该让收件人能够轻松地帮助到你。记住，每个邮件地址的背后都是一个活生生的人（以及他们有自己的优先事项）。

◎ 想象联系人阅读信息时的状态，是在公司上班，还是在家休息？是在使用 iPhone、iPad，还是笔记本电脑？事实上，是你在要求对方花时间阅读你的信息，因此尽可能适应他们实际阅读的场景，让这个查看信息的过程更有价值。

◎ 分享可以进一步传播你的想法，因此不要忽视社交媒体上发布的业务更新。如果有人错过了你的电子邮件，他们可能会关注你的脸书，而新的业务联系人可能会查看你的领英更新。

社交小技巧：随着时间的推移，你与联系人所建立的信任会越来越强，尤其是当你表现出对他们所付出的时间与指导的尊重与珍惜之时。通过保

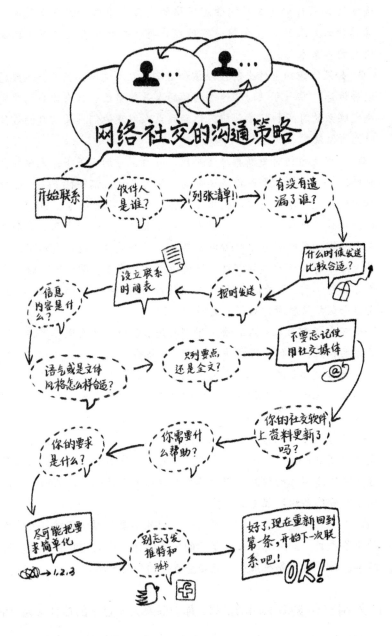

持小规模的定期联系，人们才能够真正了解你。在快节奏的世界里，你会是他们信任并期待接收到信息的人。

建立联系：从愿景到 TEDx 舞台

在前面章节中，我们提到过瓦莱丽·克罗斯（Varelie Croes）。她的职业生涯——从税务助理到税务经理，再到国际税务金融服务总监——听起来并不像是 TEDx 的话题，但你猜怎么着？瓦莱丽两次登上了 TEDx 舞台。她想要到 TEDx 发言的愿景，最终在人脉的帮助下成为现实。

在普华永道工作了 11 年之后，瓦莱丽打算重新评估其职业方向，并设定未来的职业目标。瓦莱丽关了她的黑莓手机，并暂时关闭了电子邮件的提醒功能。

休假期间，瓦莱丽开始阅读期刊，其阅读范围非常广泛。她还观看了很多 TED 演讲，其中就包括西蒙·斯奈克（Simon Sinek）的《从问为什么开始》（*Start with Why*）。听了西蒙的故事，瓦莱丽有了分享自己故事的想法。

2013 年 9 月，瓦莱丽重新回到了工作岗位，并迅速投入全年无休的忙碌工作中，但她有了一个变化——加入了女性企业家智多星小组。休假期间，瓦莱丽意识到她的核心人脉虽然能够继续帮助她在普华永道晋升，但对于转换事业而言基本没有什么作用。她还意识到自己需要加入一个新的小组，组内成员应是不管面对任何挑战都热衷于追求个人职业梦想的人。瓦莱丽选择了一个由企业家组成的智多星小组，以重新审视自己的梦想。

在一次周末静修中，瓦莱丽遇到了影响力学院（Influencer Academy）

的创始人亚历克西娅·弗农（Alexia Vernon）和一位专门帮助高管开发 TED 课题的教练。亚历克西娅只对瓦莱丽说了一句话：总有一天，你要站到 TED 的舞台上，跟大家分享你的故事。

静修结束后，瓦莱丽立马在脸书上关注了亚历克西娅。

一年后，瓦莱丽攒够了薪水，毅然递交了辞职报告。

赋闲在家时，瓦莱丽拿起了《如何进行 TED 演讲》（*How to Deliver a TED Talk*）这本书，她希望在未来的某一天，自己能够站上 TED 演讲的舞台。休假期间，她也开始观看大量的 TED 演讲，并制作了一个愿望清单。

回到纽约后，瓦莱丽随手登录了一下自己的社交网络账户，她注意到了亚历克西娅的一篇文章，文章中重点宣传了即将到来的 TEDxWomen 的活动。出于好奇心，瓦莱丽浏览了整篇文章，并发现阿鲁巴是该活动的其中一站。瓦莱丽当机立断把这个消息告诉了她在阿鲁巴的朋友，并表达了自己对活动的兴趣。为了最大程度地增加入选机会，瓦莱丽更新了自己的线上信息，突出了自己成功的演讲经历。

更新了领英个人资料后，全球 Shakers & Makers 活动的组织者注意到了她的资料，瓦莱丽受邀到世界银行（World Bank）发表演讲。 这对她而言是个完美的机会，她既可以讲述自己职业生涯的故事，又能为参加 TED 演讲做一次演练。

瓦莱丽的朋友在脸书上转发了她的最新动态，2 个月后，TEDxWomen（Aruba）的组织者约瓦莱丽开会。初次会面，瓦莱丽就被选中了，尽管演讲只准备了不到 1 个月，瓦莱丽还是抓住了这次机会。

在智多星小组以及亚历克西娅的帮助下，瓦莱丽发表了她的第一个

TEDx 演讲。此次活动全球直播，瓦莱丽的名字与比利·简·金（Billie Jean King）①、吉米·卡特（Jimmy Carter）等发言人一起出现在了全球 TEDxWomen 的演讲者名单上。除了专注于发表有力的演讲之外，瓦莱丽更关注此次活动中社交关系的建立，因为她知道 TEDx（Aruba）的组织者正在为更大规模的活动寻找演讲者。

瓦莱丽在 TEDxWomen 上的演讲取得了圆满成功，她被选为观众最喜爱的演讲者，因此，她又获得了 TEDx（Aruba）的演讲邀约。

瓦莱丽知道在 TEDx（Aruba）的舞台上，她不能犯错，因为该演讲会现场直播。活动前一天，她将自己锁在酒店的房间里不断练习，仿佛这场演讲就是她的生命！幸运的是，瓦莱丽在 TEDx（Aruba）上的演讲也获得了成功，这为她带来了更多的邀请和演讲机会。

社交小技巧：其一，评估现有的人脉。或许你需要一个全新的、更广阔的人脉圈来帮助你实现未来的目标。

其二，在现代社会，你认识谁或你知道什么并不重要，重要的是如何让别人知道你的能力！定期与人脉圈中的人分享你的目标是一项必不可少的活动！

其三，即时更新你的社交个人资料，并重点关注圈内消息，随时做好机会来临的准备。

① Billie Jean King，伟大的女子网球选手和女运动员。在职业生涯中，她赢得了 12 个大满贯单打冠军、16 个大满贯女双冠军和 11 个大满贯混双冠军，其中 10 次温网女双冠军的纪录至今无人能破。

目标—目的—联系

　　现在轮到你了！是时候解放内心的梦想与野心了。创建目标工作表，进一步详细明确自己想要实现的目标，并积极关注圈子里的哪些人可以帮助你实现目标。

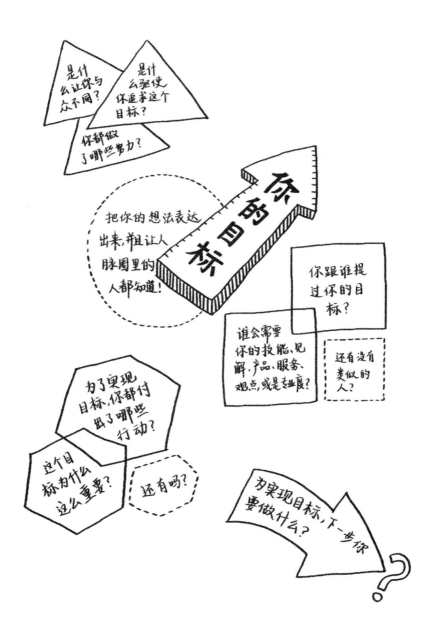

是什么让你与众不同？

是什么驱使你追求这个目标？

你都做了哪些努力？

你的目标

把你的想法表达出来，并且让人脉圈里的人都知道！

你跟谁提过你的目标？

谁会需要你的技能、见解、产品、服务、观点，或是专业度？

还有没有类似的人？

为了实现目标，你都付出了哪些行动？

这个目标为什么这么重要？

还有吗？

为实现目标，下一步你要做什么？

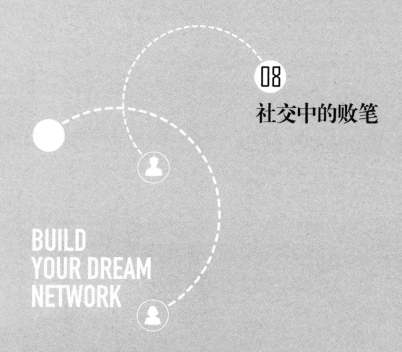

08
社交中的败笔

BUILD
YOUR DREAM
NETWORK

每个星期天的晚上，我都会坚持做一件事——为新的一周做好准备，包括查看下周的日程安排、查收电子邮件以及将新任务添加到TeuxDeux^①列表中。又是一个周末的晚上，我正例行公事，突然收到前同事给我发的领英消息。他提到我们已经很久没有聊天了，最近他被选为委员会主席了，如果我还在纽约，他想约我喝杯咖啡、聊聊天。

　　我星期天晚上的安排立刻被打乱了。发件人说的没错，我们确实有阵子没有联系了，准确地说，是7年。我们之间的关系并没有随着时间的推移而变淡，但他似乎也没有花时间去浏览我的个人资料。很明显，我的个人资料上明明白白地写着我还在纽约。我瞬间意识到，这是一个失败的社交案例。

　　后来我们在领英上的交流基本上就在浪费时间，直到他最终问出了真正想问的问题，我才提供了有用的答案。但不幸的是，在这次交流的过程中，

———————————
① 一款基于任务管理功能的手机App。

那种原本舒适自然的关系消失了。

一场失败的社交开启了新的一周。

闭门造车

2014年10月，《华盛顿邮报》刊登了著名科技企业家、学者卫维克·维德瓦（Vivek Wadhwa）的文章《硅谷风险资本家避而不谈的性别困境》(*The Glaring Gender Dilemma Silicon Valley Venture Capitalists Are Hiding From*)。文中人物的一句话吸引了我的眼球，"他坚持认为我永远无法建立正确的关系，永远无法在硅谷取得成功"。

在创新型经济中，尤其是在硅谷，建立人际联系的能力不可或缺。人脉对于建立和扩大公司非常重要，更不用说成为精英1%俱乐部的成员（只有1%的美国企业能获得风险投资资金）。维德瓦在他的专栏中也提到，"女性一直被排除在资本行业之外，她们似乎就是缺乏突破所需要的人脉关系"。

在我职业生涯的关键时刻，我认识的人为我打开了大门。这不仅改变了我的职业方向，也改变了我对自己能力的看法。更重要的是，让我发现我也有能力为其他人做同样的事情。

有一种社交思维一直让我很困惑，即拒绝社交，限制机会。你肯定遇到过这种情况，因此要尽可能地减少它们对你的影响，我有以下几点建议：

◎ 礼貌地结束交流。继续效率低下、令人痛苦的讨论毫无意义。
◎ 这点看起来可能有些反人类，但不要因为第一次不愉快的经历就放弃后续的跟进。对方当时可能并不待见你，但你永远不知道以后会怎么样。更何况，你说不准刚好挑了对方特别不开心的一天呢。

◎ 定期通过电子邮件让对方了解你的近况。不要对回复抱有期望，只需要向其发送你的最新消息就可以了。

◎ 花一点时间仔细想想你为什么想见到这个人。你对见面结果的期望是否符合你的准备（或直觉）？有时候，与意见领袖见面的热情远远胜过了我们的社交常识，这种错误还是少犯为妙。

没有好好守护人脉

如果你不是《哈利·波特》迷，那真是太糟糕了。这恐怕会成为你社交上的硬伤。

在《哈利·波特》中，"食死徒"指的是邪恶的巫师。而在社交中，"食死徒"指的是那些不断寻求帮助、希望你帮他们牵线搭桥的人，但他们永远不知回报。"食死徒"只关心自己想要什么，只会消耗你的能量，最终成为你的人脉包袱。

离"食死徒"越远越好。更重要的是，记住本书的社交建议，避免自己成为下一个"食死徒"。

你是自己社交圈的守门人。管理好你所做的转介绍，以确保其成功。你所介绍的人可能只需要你一次，但你可能一生都需要这个人。

你最近帮助过谁？这是埃文·尼尔森（Evan Nisselson）每次为圈子里的其他人做转介绍时，都会提的一个问题。正如在第 2 章中埃文所说的那样，他信奉硅谷的"付出"文化，并愿意与那些志同道合的人分享他的人脉。我的"守门"方式更直接，我需要知道你寻求转介绍的原因，以及这对另一个人有什么好处，弄清楚这两点我才会为其引荐。

无意义的沟通

社交过程中最大的浪费就是浪费别人的时间，尤其当索要的信息随处可见时。不提前做好功课的社交者不是一个称职的社交者，而提出宽泛且毫无重点的问题是社交的另一个烦恼，至少得让别人能够比较轻松地为你提供帮助。

埃文·尼尔森经常收到不太熟悉的人发来的邮件："我要来纽约，我应该见谁？"这是一个很大的问题，因为被问到的人不知道从哪里开始回答！这并不是寻求介绍的正确打开方式。相反，你需要指明你的目标（"我需要与媒体公司开业务发展会议"），以及你所联系的人该如何为你提供帮助（"我注意到你在领英上与 X、Y 和 Z 都有联系，你跟他们关系好吗？可以为我引荐吗？"）。这似乎是常识，但不幸的是，大家总是弄不明白这一点。

紧急社交

对于避免紧急社交，我一直做得不太好。因为创业者经常向我提出有关资金的问题，我不得不予以回答。

人际关系通常是通过分享故事或经历建立起来的，紧急社交是一种社交失败，是应当避免的社交类型。失败的原因是你没有定期与朋友、家人、顾问、导师和潜在的投资者保持联系，向他们传达你的梦想、抱负和目标。

定期沟通是职业生涯必不可少的一部分，因此带上你的朋友、家人、顾问、导师和投资者一起踏上你的职业旅程吧！通过增加他们的参与度，关系与信任自然而然就建立起来了。

遇到难以解决的问题怎么办？你并不是第一个遇到这种问题的人，你的人脉圈中或许就有某个能够为你提供指导的人。如果你能够坚持与圈子里的人分享你的进展，而不是把"突然"面临的巨大的挑战甩给对方，问题一定能得到完全解决。

不进行紧急社交有什么好处呢？如果对方经常能够感受到自己与你的关联，那么你的圈子里只会有越来越多的支持者。

保持不了广泛的联系

我不建议你静静地坐在电脑前，直到自己需要帮助了（如找新工作）才行动。

在撰写本书的过程中，谷歌品牌实验室（Google Brand Lab）媒体和产品策略师的工作引起了我的注意。我发现这份工作很有意思，不是因为它频繁地出现在我的社交媒体中，而是谷歌独特的招聘方式吸引了我。没错，如果在某个组织内部有认识的人，总是更容易找到工作。谷歌大红色的"立即申请"按钮旁边是一个同样突出的"查找联系人"的搜索框，下面写着"在谷歌有认识的人？赶快联系他们吧"。谷歌重视并提倡内部员工推荐的招聘制度，网页顶部还有一条蓝色的标语，"您好！使用您的 Google+ 个人资料可以帮助您找到相关工作和联系人"。这里给出的信息很明确，内部推荐与数字化是寻找工作的新趋势。

内部推荐是找工作的一种方式，是让你完成在线个人资料及时更新的动力。这也是合理利用网络工具，并在社交媒体上保持广泛联系的好处！

别犯这样的错

当你有大事或迫切需要帮助时，另一个社交误区出现了——只在这时联系那些你曾经认识，现在事业成功或社会地位较高的朋友。我并不是阻止你寄送手写的祝贺卡片或发送电子邮件，但是，我需要提醒你：不要期望太多热情的回应。我不是愤世嫉俗，只是提醒你实际情况罢了。比起成功后的祝福，你平时的沉默更能说明你对对方的重视程度。这时候的联络显得太微不足道，甚至有点太晚了。仿佛是在说，"因为你成功了，那么以后肯定有用得上你的地方"。

我在纽约非营利机构的一位董事会同事曾和美国前总统上了同一所法学院。据我的同事说，很明显他这位法学院的同学注定会出人头地，班级内部的民意调查可以证实这一点，因此他入选最高机构也是意料之中的事情。我的这位董事会同事尽管与这位同学关系融洽，也十分敬仰他，但两人毕业后并没有保持联系。没有节日问候，也没有任何祝贺卡片，直到这位同学入主白宫。最后我的同事收到了带有白宫浮雕的信笺回信，这算是整个故事唯一令人安慰的地方了。这个故事告诉我们，保持联系就是最好的社交方式。

毕业离开学校以及转换工作时，一定要记住这一点，不要断了联系。如果你自己从未努力保持联系，那么就算你曾经常与美国总统玩桌上足球，那又有什么用呢，不过是个故事罢了。

"倒完垃圾就走"

　　我将"你们两个应该互相认识"这类邮件称之为"倒完垃圾就走"。某些人看似善意，实则天真地认为某两个人应该互相认识一下，继而发送一封没有进一步详细信息的电子邮件，然后就对你提出要求。发送这种没有上下文（或未经许可）的电子邮件，只会受到收件人的冷遇，因为他们还要自己弄清楚为什么需要这份引荐。这背后应该是你要解释清楚的东西，而不是收件人该做的事！

　　这很显然是个严重的社交误区！早在 2013 年 3 月，First Round 资本的克里斯·弗拉里克（Chris Fralic）就曾在福布斯网站上发表过一篇关于如何发送电子邮件给忙碌人士（如风险投资伙伴）的文章。这篇文章（《电子邮件的介绍艺术：给忙碌的人发送电子邮件的 10 条规则》）至今我仍然会推荐给别人，正如克里斯在第 1 条规则中描述的，有时候等对方问及再进行介绍看似比较合理，但在大多数情况下，我认为在介绍之前询问并获得许可才是最佳做法。这使其成为收件人的一种选择，而不会演变为一种义务。

　　风投专家艾莉森·莱文（Alison Levine）也认为这是一个社交禁忌。她的社交建议是永远不要"盲目"为他人介绍，始终应该先询问并征得对方的同意，并向他们详细说明介绍的背景与原因。

　　或许你认为自己发送的是有价值的介绍或是在建立人际联系，但如果没有提前询问，你的电子邮件（无论其中包含的信息的详细程度如何）可能会对一个或多个收件人造成不便或烦恼，并且这种突如其来、考虑不周的电子邮件很可能影响你与重要联系人的关系。

过度分享

我是一个乐天派,在网上分享个人信息时,我通常只会分享乐观、积极、向上的消息。

据一些比我更乐观的朋友说,这也是一个社交误区。好吧,或许我应该再多分享点内容。但我好奇的是,真的会有人想知道我日常生活的细节吗?我不是个表演艺术家,因此我觉得不需要将自己整个生活都展示出来。我会有选择性地分享我认为好的东西。但根据我收到的反馈,我正在重新思考我发布的内容。我们在网上寻求的是一种更强大的联系,如果展示生活的各个方面能够加强彼此的信任和联系,那么我就确实要改变我线上分享的方式了。

过度分享与过少分享都可能是一种社交误区。水能载舟,亦能覆舟,社交也是如此!因此在发布线上内容之前要三思,另外,还要注意检查个人的隐私设置。

不错过

一位招聘主管曾给过我一个建议:不要错过任何一个招聘电话。

这究竟是什么意思呢?

如果接到招聘来电,不要拒接或者直接挂断,即使你对这份工作不感兴趣,或认为自己能力不足,或还没准备好。不要因为时机不对或不符合自己的期望就忽略这些电话!接听招聘电话是建立未来联系的好机会,告诉招聘人员你的职业规划以及下一个目标。毕竟,招聘人员之间私下也会互相沟通与联络。

还在律师事务所从事管理工作时，我每年都会与公司的招聘主管一起吃一顿饭。第一次见面时，我的资历尚浅，但她非常看好我，并且愿意为我引荐潜在的客户。我的专业关系网就从这里开始了。每年，她都会让我深入了解公司的岗位、部门预算和薪资水平这些重要信息。如果我继续留在这个行业，毫无疑问，进行下一步职业规划时，我会向她寻求帮助，因为我知道她是我在这个行业里的"靠山"。

接听招聘电话还有另一个原因，不适合你的工作可能适合你社交圈中的其他人，你可以借此机会建立联系来帮助他们。毕竟，你永远不知道在你的职业生涯中什么时候会需要"回报"。

关注了却不跟进

如果缺乏后续跟进行动，早餐会或鸡尾酒会建立起来的交流将成为从你指尖溜走的机会。随着时间的推移，交流时的热情会逐渐消失。我们都知道这一点，那为什么这个最有效的后续跟进常常被大家忽视呢？风投专家艾莉森·莱文每次为别人引荐之后，都会提醒对方，"记得告诉我你们见面后的进展"。艾莉森会将后续跟进作为引荐的考虑因素之一，因为她想知道事情的进展与结果，她想知道她的引荐是否顺利。对于艾莉森来说，引荐的作用就是达成最终的目的，而不仅仅是简单的介绍。

缺乏后续跟进还有另一个弊端：不坚持后续跟进，你所有为实现抱负而辛苦建立的人脉都将付诸东流。在职业生涯的早期，埃文·尼尔森（Evan Nisselson）很想获得一份编辑的工作。但除了曾做过业余摄影师之外，埃文没有任何经验，因此获得这样一份工作对他而言并不简单。但埃文的坚持让他熟悉了一位摄影经纪人，虽然对方并不招聘编辑。

与对方见过面后，埃文寄出了一封感谢信（毕竟那是在 20 世纪 90 年代）。几周后，他又打了一通电话来跟进最初的话题。最终，埃文获得了他梦寐以求的机会，这位经纪人给他介绍了一份图片编辑的工作！

埃文的坚持可能看起来有些极端，对于那些希望利用人脉创造全新可能的人来说，坚持的价值就在于此。

无话可说？很好

必胜客的一则广告是我最喜欢的 YouTube 视频之一，没错，就是卖披萨的那个必胜客。视频中没有任何营销宣传或买一送一的诱惑，完全与品牌无关。由于刻意地消除了品牌宣传，这则广告显得特别贴心。

该视频体现了一个道理——过犹不及。有时候说得少，反而能够促进更有效的联系。这让我想到了一些大品牌无休止的促销活动以及宣传邮件，对此我有一些建议：

◎ 转推为拉！还不明白？就是用代入感促进品牌与用户的联系，从而促进商业发展。

◎ 推送有实质内容的消息，而不仅仅是更新信息。

◎ 专注社区，而不是总进行陌生拜访。

◎ 记住，好的故事通常有很多章节。不要指望简单地告诉客户你有多好，希望他们一次就记住你、信任你。一遍又一遍地展示自己，将他们带入你的故事，并让他们把对你的欣赏传播出去。

电梯游说

刚被介绍给某个人（无论是在派对、招待会或活动中），然后就要听这个人的推销，没有比这个更尴尬的事情了吧？但你却要随时准备好电梯游说的内容，因为有一个你意想不到的地方会用得上——会议或活动中的问答环节。

想象一下典型的会议问答场景。你正在纽约参加女性企业家节，投资人乔安妮·威尔逊刚刚结束对知名设计师黛安·冯芙丝汀宝（Diane von Furstenberg）的重要采访，然后她将剩余时间安排为现场问答。你抢到了麦克风，然而当满满一屋子的人都盯着你的时候，你要如何最大限度地抓住这个机会呢？使用精心准备好的电梯游说。

大多数人都浪费了这样的机会，他们忘记了自我介绍，只是想炫耀自己的"聪明才智"。这些我们都经历过，那种感觉很糟糕。

你需要快速、清晰、简洁地告诉在场的每一个人你是谁、你做了什么以及为什么他们可能想在活动结束后与你交谈。至于那个提问，它只是个完美的索引，不是吗？

忽略回复

在数字化时代，及时回复、礼貌待人、避免疏远都是挑战。我经常想起经典电影《春天不是读书天》（*Ferris Bueller's Day Off*）[1] 中班主任出场的场景："布勒？……布勒？……布勒？"

---

1 该影片讲述了中学生布勒与好友一起逃学的故事。

每次发送电子邮件时，难道不觉得自己很像布勒高中的经济学老师吗？在虚拟的世界中，即使是电子邮件的自动回复，也能够减轻被忽视的焦虑感。

自动回复虽比不上手写回复，但自动回复的速度很快，而且我认为有回复总比没回复好。

而作为收件方，如果你发现了一封一直以来都被自己忽视的电子邮件，请跟对方确认已收到。你不需要详细解释延迟回复的原因，只需略微表达歉意，并修复这个社交漏洞即可。

"我是你最忠实的粉丝"

"我是你最忠实的粉丝"，用阿谀奉承的态度来掩盖自己的社交需求，只会让你的形象大打折扣。

在这个问题上，艾莉森·莱文再有发言权不过了，她为我们提供了一些可靠的社交建议（在本书前面我们也分享过），"请别人帮忙之前，一定要提前做足功课，挖掘他们在意的事情。如果你不愿意花时间去搜索对方的信息、关注他们的社交账户，那么对方不愿意浪费时间来帮你也情有可原"。

跳过这些空洞的赞美吧，因为如果你认为这是让别人帮助你的最佳理由，那么你肯定没有站在对方的角度思考问题。在寻求帮助时，忙碌的联系人（比如艾莉森）只在意两件事：真诚的请求以及他们应该帮助你的原因。

不言谢

餐饮专家克雷格·克莱伯恩（Craig Claiborne）在他的《礼仪要素：

不完美世界的餐桌礼仪指南》（*Elements of Etiquette: A Guide to Table Manners in an Imperfect World*）一书中写到了关于发送感谢信的话题。在正式的晚宴之后，感谢信能够体现出一个人的细心和贴心程度。而对于非正式聚会，一张随意的便条甚至是一张明信片都是极好的。无论如何，晚餐后的一周内主人都应该要收到感谢信。

当然，这本书的背景是在 1992 年。正如短信已经取代了电话，在我们许多日常互动中，紧迫性和实时性已经取代了精致性。在移动互联网的世界中，我们发送的信息更快，也更欠缺考虑。引用埃文所说的一句话，"通过移动社交，办公室似乎永远不会关门，我们现在拥有更多的工具提出更多的要求"。

值得庆幸的是，以下建议或许能够帮助你改掉现代的社交坏习惯：

◎ 不要让主人猜测你是否会到场。及时回复，然后认真履行自己的承诺，或者至少在实际活动之前合理的时间内更改你的回复。

◎ 如果是公开活动（例如聚会或招待会），可以在脸书上公开确认参加。为受邀参加的活动进行推广，也是一种感谢主办方或活动组织者的绝佳方式。

◎ 询问主办方是否有活动的热门话题需要参与或转发。这也是网络时代的独有特点，相当于你在询问"有什么我可以帮忙的吗？"

◎ 活动结束后，发送个性化的感谢信，无论是电子的还是纸质的。

社交能力是指建立牢固关系的能力，而不是仅指粉丝的数量。人际关系塑造的是你的专业发展路线，而不是脸书上来得快去得也快的"好友"。在社交过程中多试试那些互联网时代之前的老式思考方式吧，这会让你变得与众不同，进而脱颖而出。

09

测试，失败，
学习，量化

BUILD
YOUR DREAM
NETWORK

恭喜你看到了最后一章。看完这最后几页，你就可以充分利用各种社交工具，更有效地建立你所需要的关系了。一旦放下这本书，你所面临的挑战就是摒弃原有的旧规则，寻找新的社交机会。

开放、多渠道的新社交机会就摆在眼前，但经典的礼仪规则也不可或缺。在点击发送推文或快照之前，仔细检查拼写，并确定是否符合你想联系的人的品位和预期。

难道要等到掌握理想工作所需的所有技能，你才能开始建立该领域的联系吗？当然不是！

新的社交方式是同伴相互驱动，具有高度参与性，就像共享经济一样。因此，与同行建立牢固的联系是非常必要的，也是非常有价值的，毕竟这些都是上层建筑。

我们建立关系的方式真的改变了很多吗？没错，但从一些方面来看，也没有那么多。传统的权力结构仍然存在，但现在更民主化了。如果你无法接受新的社交方式，那么你的想法也就无法得以传播，新的机会也就无法呈现出来。

不要按下暂停键

一个星期六的深夜，一位朋友的电子邮件让我想起了 1979 年经典的亨氏番茄酱广告——抱着期望等待，期待美食从天而降，落到我们的盘子里。这位朋友正在面试一份新工作，他与雇主的初次交流很愉快，于是"合理"地推测自己将在几周内得到这份新工作。因此，他现有的所有业务和人际网络都被放到了次要的位置。

我作为一个乐观的现实主义者，对他的电子邮件并不特别惊讶：

我被这家公司耽搁了。那位合伙人表示，公司管理层在决定分配给我的职能权限上产生了分歧。但我怀疑是否真的需要 2 个月时间来解决这个问题，我是不是该另寻其他出路了。

另寻出路？睁大眼睛看看现实吧，我的朋友，你不应该首先暂停你的社交活动！调整或放松一点可能无妨，但永远不要停止。2 个月后，他只能再次回到构建社交圈的第一阶段，笨拙地想办法重新点燃被他冷落的社交关系，并获得新的就业机会。

这个故事的教训是相当明显的：不要等待，不要观望，不要预期结果，也不要在人脉关系中点击暂停键。对预期结果的期待会影响你的判断，磨掉你的优势，并转移你的注意力。因此，即便你有很大把握得到一份新工作，也不要停止当下社交圈的经营。

不要害怕犯错

社交的过程中人总会犯错，例如在公司假日聚会上说错话或者对社交媒体平台关注度不够。但你知道吗？这一切都没关系。我曾经说过，"社交就像一场鸡尾酒会：你会遇到一些人，会有激烈的辩论，会学习到一些新的东西，但也会有一些尴尬的交流。而每隔一段时间你的酒杯可能就会把葡萄酒洒出来，就像在现实生活中一样"。

不要担心犯错，只要不让犯错成为习惯即可。吸取过去错误的经验，重新定义自己的社交活动，并努力克服过往的错误。把酒洒出来又怎么样，大大方方道歉即可。

建立长久的关系

采访天才之家的乔纳森时，他跟我提到了自己现在对社交方式的一些反思："你要花时间与人相处，那些你愿意托付事业的人，那些你愿意与之相处的人。"

社交始终并且永远都离不开人。单凭我一个人或许还不敢这么说，但乔纳森、凯瑟琳、艾莉森、艾琳、埃文、艾登和蒂娜都证明了这一点！这就是经典的社交礼仪，无关新的移动应用程序，更是所有用于建立关系的移动设备、平台或场所的根本诉求。追求个人抱负与理想时，你需要以多种不同的方式持续利用这些关系，这不仅是为了职业生涯，更是为了拥有你想要的生活。

事实上，你并不需要认识很多人才算拥有一个强大的人际网络。你只需要知道如何提出合理的要求，并有效地连接你所拥有的关系。

评估、利用和循环

将你击垮的不是压力，而是你承受压力的方式。

——卢·霍兹 Lou Holtz

我猜你们心中可能还存有疑虑，在这个高速运转且瞬息万变的现代社会，我们真的有足够的时间和精力去参与这些社交活动吗？答案是：有！读完这本书后，你应当对社交有了新的见解，并且知道如何更好地进行社交维护。

然而，建立人际关系并不像注册线上新用户那样环环相扣，无缝衔接。要确保你所有的（注意是所有的）社交活动都要以目标为核心，并为你的最终目标服务。线下与线上同步的社交是最有效的，并且是能够最好地利用时间的社交方式。

需求和社交圈都会进化

如果双方无法见面、无法电话联系或是一起参加早餐会，这种社交活动几乎毫无意义，你起码需要有最低限度的社交行为。网络上的承诺是虚无缥缈的，就像活动邀请邮件最后的"请回复"，如果没有更吸引你的东西，恐怕一封邮件是无法让你出席的。

时间是一把双刃剑。在各个社交圈中投入的时间，最后成了我事业的推进器！除此之外，我真不知道还能怎么解释我今天的成就。然而，我也意识到，我不应仅仅是某个团体的成员，更应该是积极的参与者。事实上，在完成这本书的一稿后，我辞去了两个创业公司董事的职位，因为我意识到自己不再有时间去关注组织日常动态，无法为公司做出更多的贡献。

拿出你每周的待办事项或每月的行事记录，重新审视下自己的时间分配。这些活动是否与你的目标保持一致？如果不是，可能是时候放弃其中某些事项了。

活到老，学到老

2015 年，在纽约玛丽蒙特学院的毕业典礼上，我对所有的毕业生说：

在未来的 5 年内，好奇心和探究心是唯一不会过时的技能。

我在一些争议中开始了这本书的写作，但我也正好借此在自己的人脉圈中找了几个案例进行分析（这些案例贯穿全书），检测一下我提出的"社交技巧"是否管用、我的"超级社交达人"的名号是否属实。以下是我在编写本书过程中所收集到的最有价值的一些见解，希望将这些见解传递给大家，并让各位能在未来受益——

内向的人是天生的社交达人。令人意想不到的是，在本书许多成功的社交故事背后，主人公都将自己的性格归为内向型，也许他们的成功正是因为他们更专注于管理自己的社交行为。用内向者的方式去社交，或许就是我的社交建议！

以人为镜，人脉能够帮助你更全面地了解自己。当蒂娜在采访中提到这一点时，我瞬间受到了触动，原来我并不是唯一一个需要人脉才能看清自己的人！你不应该成为自己唯一的知己。虽然自我评估具有巨大的价值，但全方位的审查（寻求导师或同事的建议）可能会揭示出你尚未释放的更大的才能。解放你内心的抱负，让人脉帮你进一步筛查吧。

深入了解自己的兴趣，一起做喜欢的事才能为社交带来持续的动力。对于艾登来说，她的动力就是对书籍的热爱。而对我来说，看到其他人取得成功，能够让我对社交充满激情。

建立人际关系时要学会管理可控的，接受不可控的。时间是不可控的，而付出是可控的。想想乔的经历，即使尚未获得工作机会，他也坚定不移地学习该工作所需的技能。还有德文，坚持用4年的时间一步步获得董事会的席位。

坚持社交的本质。当我在采访中听到乔脱离网络，完全遵守原生态的职业社交方法时，我觉得有些好笑，因为这听起来很像珍妮特·汉森（Janet Hanson）在1977年利用内推获得机会的故事。但事实是，像领英这样的网络平台并没有破坏社交的本质，它只是提供了一个更透明的社交工具，帮助你更有意义地执行职业规划而已。

社交需要双管齐下。社交并不简单地只是现实或虚拟的问题，而是两者共同拥有的部分。你需要在这两个世界中无缝切换，最有意义的沟通既能够面对面发生，也可以在通信平台上进行。

即兴创作与解决问题。 2013 年，英国航空公司邀请了 100 名具有前瞻思维的创始人、首席执行官、风险投资家和硅谷的创新人士乘坐从旧金山飞往伦敦的航班，并在飞行过程中切断了网络信号。在约 9000 米的高空把这上百名专业人士召集在一起，举行一场"黑客马拉松"。感谢美国知名科技网站 Mashable，我也在那个航班上。黑客马拉松是一场集中所有人的时间与资源共同解决问题的活动，这对社交具有非常宝贵的借鉴意义。很少有机会你能够完美地汇集时间、资源与联系人，有时候你必须勇敢地迎接这些即兴挑战，而不是一次又一次地搁置或者找借口。

新 3P 原则

我知道，前文我说的社交 3P 原则是人、人、人。还有另一个 3P 原则也非常重要，那就是坚持（Persistence）、计划 (Planning) 和礼貌（Politeness）。

人脉不可能自发建立，也不会在一夜之间出现。但不要气馁，坚持下去！评论、点赞或许能够积攒粉丝，但建立真实的关系才是对人生的终身投资。

不要将你的事业赌注押在命运上。在现代社会中，人们倾向于使用所有可用的工具来宣传自己，并在更大的范围内找寻适合自己的位置。他们发现合理利用人脉，是抓住机会的重要方式。

现代经济的一大特点就是以人为本，而技术为推动沟通提供了绝佳的支持。

停止随机社交

无论你是为别人工作，还是自己创业，始终都要记住自己才是自己职业生涯的创造者。下一个机会可能随时随地都会出现，不要再怀疑，不要再猜测，不要再犹豫，现在就有一张路线图摆在你的眼前，让你可以慢慢接近你所寻找的机会，并实现自己的抱负。

让我们保持联系。如需更多建议与指导，欢迎登录 jkellyhoey.co，或关注我的推特 @jkhoey，或参与我们的领英话题 # 打造完美社交圈 #。期待听到你的声音，期待你与我们分享你的社交故事。

致谢

BUILD
YOUR DREAM
NETWORK

首先要感谢我的"人脉"，对于写这本书他们给予了我热情的鼓励，衷心地感谢。感谢蒂姆·惠特尼（Timm Whitney）提醒我得"告诉别人我做的事情"。

感谢凯蒂·沃克曼（Katie Workman）、埃尔米拉·贝洛斯丽（Elmira Bayrasli）和丽萨·金瑞德（Liza Kindred），感谢他们在提案阶段给予我的指导，感激之情无以言表。

特别感谢乔纳森·贝林森（Jonathan Beninson）、埃文·尼尔森（Evan Nisselson）、艾琳·纽柯克（Erin Newkirk）、乔·斯泰勒（Joe Styler）、桑迪·克劳斯（Sandy Cross）、詹妮弗·约翰逊·斯卡尔兹（Jennifer Johnson Scalzi）、曼尼莎·萨克（Manisha Thakor）、瑞秋·霍夫施泰特（Rachel Hofstetter）、洛伊丝·赫兹卡（Lois Herzeca）、瓦莱丽·克罗斯（Varelie Croes）、蒂娜·罗斯·艾森伯格（Tina Roth Eisenberg）、杰西卡·佩尔茨－扎图洛夫（Jessica Peltz-Zatulove）、

克劳迪娅·巴顿（Claudia Batten）、凯瑟琳·芬尼（Kathryn Finney）、艾莉森·莱文（Alison Levine）、珍妮特·汉森（Janet Hanson）、艾登·唐纳利·罗利（Aidan Donnelley Rowley）、德文·布鲁克斯（Devon Brooks）、Jump Fund 的蒂凡尼·鲁滨孙（Tiffanie Robinson）和雪莱·普雷斯特（Shelley Prevost）、罗布·海因斯（Rob Hayes）、埃琳娜·罗西尼（Elena Rossini）、安德鲁·吉尔（Andrew Grill）和阿曼达·埃利斯（Amanda Ellis）等慷慨地分享了自己的社交故事。如果没有他们独到而专业的见解，就没有这本书。

感谢我的文学经纪人布兰迪·鲍尔斯（Brandi Bowles），谢谢他愿意见我并相信我；还有我的编辑珍妮特·肖（Jeanette Shaw），感谢她一直催促我交稿，才有了本书的面世！还感谢斯蒂芬妮·博文（Stephanie Bowen）编辑，感谢他非常认真地指导我完成了本书。能够与这么多完美的编辑合作，简直是我的荣幸。

我还要感谢我所有的朋友、粉丝以及多年来在推特上为我转发、点赞的网友。感谢我的时事通信订阅者，特别是艾莱恩·班吉尔（Alain Bankier），是你的反馈推动了我的写作并引导我找到了自己的声音，谢谢你。

这本书的开始与结束都是在圣基茨（Saint Kitts）[1]完成的。因此对于莫里斯（Maurice）、佳纳克伊（Janaki）、乔治娅（Georgia）、格蕾丝（Grace）、梅芙（Maeve）、凯（Kaye）、尼尔（Nile）以及圣基茨家族的其他成员，我衷心感谢你们的鼓励和支持。

---

1 圣基茨和尼维斯联邦（The Federation of Saint Kitts and Nevis），简称圣基茨和尼维斯，位于东加勒比海背风群岛北部，是一个由圣克里斯多福岛（圣基茨岛）与尼维斯岛所组成的岛国。

BUILD
YOUR·DREAM
NETWORK

关于作者

关于凯莉 · 霍伊（J. Kelly Hoey）的大部分信息在网上都可以找到，并且都是由她本人发布的。

作为社交专家，凯莉获得了诸多赞许，包括福布斯评选的"改变风险投资界与企业家的 5 位伟大女性之一"以及 *Fast Company*[①] 评选的"推特上最聪明的 25 位女性之一"。创建和分享只是她与众多不同关系网保持联系的方式之一。除了频繁推送 @jkhoey 和撰写每周时事通信之外，凯莉还在 Inc.com 上发表专栏，为其网站 myturnstone.com 采访有趣的人，并在 jkellyhoey.co 上维护一个博客。

凯莉在多伦多从事法律行业，并与贝鲁特（Beirut）、阿鲁巴（Aruba）、奥克兰（Auckland）等世界各地的朋友交流，她从来没有想过自己的职业生涯会如此丰富与曲折。

当她不在线或不在飞机上时，凯莉一般会待在纽约市的住所里。

由于某种原因，凯莉的父母决定用中间的名字来称呼自己的二女儿。

---

① *Fast Company* 为美国最具影响力的商业杂志之一，与《财富》和《商业周刊》齐名。

图书在版编目（CIP）数据

打造超级人脉：在高度互联的世界里建立强大的人
际关系 /（美）凯莉·霍伊著；朱倩倩译 . —杭州：
浙江大学出版社，2019.3
　书名原文：Build your dream network: Forging
powerful relationships in ahyper-connected world
　ISBN 978-7-308-18933-0

　Ⅰ.①打…　Ⅱ.①凯…　②朱…　Ⅲ.①人际关系学
Ⅳ.①C912.11

中国版本图书馆 CIP 数据核字 (2019) 第 014174 号

Copyright © 2017 by J. Kelly Hoey.Build your dream network:Forging powerful
relationships in a hyper-connected world
This edition published by special arrangement with J. Kelly Hoey in conjunction with
her duly appointed Foundry Literary + Media and co-agent Andrew Nurnberg Associates
International Limited

浙江省版权局著作权合同登记图字：11-2018-573

打造超级人脉：在高度互联的世界里建立强大的人际关系

（美）凯莉·霍伊 著　朱倩倩 译

责任编辑	曲　静	
责任校对	杨利军　程曼漫	
出版发行	浙江大学出版社	
	（杭州市天目山路 148 号　邮政编码 310007）	
	（网址：http://www.zjupress.com）	
排　　版	杭州中大图文设计有限公司	
印　　刷	杭州钱江彩色印务有限公司	
开　　本	710mm×1000mm　1/16	
印　　张	13.75	
字　　数	162 千	
版 印 次	2019 年 3 月第 1 版　2019 年 3 月第 1 次印刷	
书　　号	ISBN 978-7-308-18933-0	
定　　价	45.00 元	

版权所有　翻印必究　印装差错　负责调换

浙江大学出版社市场运营中心联系方式（0571）88925591;http://zjdxcbs.tmall.com